ぜんぶ、すてれば

全部皆可拋

中野善壽——著
黃菁菁——譯

ぜんぶ、すてれば

目錄

第二章 全部捨棄

第三章 保持自然狀態去工作 101

第四章　順其自然地經營工作與人生

第五章　享受當下 175

推薦序

心存敬念，把握當下

洪孟啟

中野先生和我，不論是來台北或去東京，我們總會找時間晤談，談一些工作的經驗與心有所悟的總總，這些都讓我從中野先生的生活哲學中對日本文化有更進一步的體會，也受益良深。

確實，中野先生的人生哲學是日本文化的一個縮影，簡單來說可以有四個面向：第一、「微」的哲學，是老子所指的：摶之不得。一個方面是避免具體化；一個方面是把握當下。避免具體化是如一花一世界，從細微處體現整體；把握當下是如一期一會，此並非即時行樂，而是當下的此時此刻不會重複，這個瞬間包括了整個時空面，既是現在，更是過去與未來，也因此面對「當下」要更珍惜、更專注、更用心的去生活。

第二、減法哲學，所謂捨棄無所有，現在的瞬間既包括了過去，也蘊含了未來，在生活的態度上不追求奢華，以極簡的方式面對當下，何處春江無明月，雲淡風輕自在過。

第三，「間」的人生美學，目的在建造一個諧和的世界，在人際關係上顧慮別人的感受。朋友之間是如君子之交淡如水，不是不心存關懷，而是不打擾別人，不要讓別人為難，這種「間」的生活美學，當表現在生活上，就有如水墨畫的留白，也如水，既能就下，也能持盈，善利萬物而不爭。

第四、為美而生，一種保持本色的素美，在衣著上保持整潔，是對自己的尊重，也是對別人的尊敬，這就是美。以一種後手哲學的態度，為後來接手的人留下整齊、潔淨，這就是美。美的自然、美的素樸。

在企業經營上，也反映出中野先生的人生哲學，他將寺田倉庫塑造出獨有的企業文化：

從微的哲學裡，把握當下，不拘泥於過去，不受未知的未來動搖，專注於現在。

從間的美學，發展為第三類空間的經營，形塑圓心擴散及交疊的企業文化。

從減法哲學，展現出極簡主義的本色之美。

從為美而生的生活態度，把保管「物件」的觀念，擴展為保管「價值」，既是常民生活美學，更是以文化為核心。

文化交流貴在相互學習、相互理解、相互欣賞，並由此領會融通。非常高興認識中野先生這位好友，更感謝於相交相知之中，讓自己在人生的領域裡逐步成長，特別是他在把握當下之中，心存誠敬的處事態度，更令我受益良深。

前文化部部長　洪孟啟

在不確定且劇烈變化的時代，
在個人的能力受到考驗的時代，
在必須為一〇〇歲人生做好準備的時代。

我們每天面對龐大的資訊，
被要求提升新的技術和價值觀。

不能再仰賴過去的經驗，描繪不出模範人物，也描繪不出人生計畫。
必須有自己的意見和想法，向世間傳遞訊息。

但是，既沒實績，也沒經驗，又沒自信。
一想到前途茫茫的將來，不安占滿了整個腦袋，感到疲憊不堪。

要在這樣的時代存活下去，
要具備怎樣的知識，
要擁有怎麼樣的力量？

序章

什麼都不要，全部捨棄不就行了？

中野善壽，七十五歲。

在伊勢丹、鈴屋開創新事業且成功擴展海外市場。

之後前往台灣，在大財團企業擔任經營者，活躍在業界。

二〇一一年，擔任寺田倉庫的代表取締役社長（總經理）兼CEO（執行長）。

實施大規模改革，使老字號的大企業轉生成為充滿活力、機動性的組織。

其手腕、獨特想法以及人格魅力，被各界的名人所仰慕。
另一方面，他幾乎不在媒體曝光，就連員工都懷疑他是否真實存在，是個異類的人物。

他的生活方式是「什麼也沒有」。
沒房、沒車、沒手錶。不愛酒也不抽菸。
金錢也是一樣，從年輕時起，除了生活所需之外，全部義捐出去。

正因為什麼也沒有，
才不會被過去束縛，
不會為未來煩惱，
可以認真活出充實的今天。

本書通過與中野先生的訪談，彙整成隻字片語和短文，告訴大家如何積極、快樂地活在現代。

第一章

活在今日

今天就是全部。其他的不如豪邁、輕快地全部捨棄

我最想傳達的是「今天就是全部」這句話。
身處在資訊爆炸，無論是未來的事或周邊的人都要在意的時代裡，也許「專注現在」變得愈來愈難。
但事實上能夠忘我、享受的只有現在。
請重新看看此時此刻，現在的自己。
勿被過去綑綁，勿被未來動搖，
專注今日，確實品味今日，並盡情享受。
在不久的將來，成果必能以種種不同的形式反饋回來。

也許明天地球就會毀滅，指望別人也沒用。
能讓自己功成名就的只有自己，沒有別人。
所有的一切都是因果報應，創造將來的只有今天的自己。
不是應該將所有妨礙「今天的自己」的東西全部捨棄，
豪邁、輕快地向前邁進嗎？

今天能做的事就馬上做，因爲也許沒有明天

我一睡醒就會馬上打電話給下屬交代工作。

接著洗澡、吃早餐、禱告，準備好要出門前會再打一次電話問：「我交代的事做了嗎？」

因為離打第一通電話已過約兩小時，所以再問一下進度。

之後出門，中午左右再問：「做得如何了？」

這樣好像會被嘲笑說，真是太性急了。但我個人並不這麼認為。

為什麼呢？因為或許明天我就死了也說不定。

雖然應該抱著「還有明天」的希望，

但不能就真的相信明天就一定會到來。
我活了超過七十五年，我知道「明天會到來」並不是絕對的。
今天能做的事就今天做，而且現在馬上做。
不用考慮「應該從什麼事開始做才好」，
只要想到什麼就去做，什麼事都馬上做，就不會後悔。

無需配合周遭，徹底守住自己的抗拒感

我想跟時不時會有無力感的人說，
不用想著要完成多大的夢想，
只要留意到自己心裡自然產生的「小抗拒感」，
不要對其視而不見就好。

Resistance是「抗拒」的意思。
有時候會突然覺得「自己並不是那樣想的」，
我認為應該重視這種「違和感」（格格不入的感覺）。

必須配合周遭的全體主義、同調主義是很危險的。

一旦群體的壓力過大，即使自己已感受到真正的危險，也無法逃脫出來，如此一來，所有人一同朝毀滅的方向前進之風險也隨之升高。

因此我認為一旦萌生抗拒心，就應該徹底堅持抗拒心。

同時要尊重對方的抗拒心。

自己的意見遭到反對時，說不定會暴怒。

但那其實隱藏著「對未來有幫助」的可能性。

應該想成是給自己指點迷津的機會。

不要在乎別人的評價，自己能不能接受比較重要

別人怎麼想都無所謂，我就是這樣的性格，無論對方是上司還是前輩。

我從年輕時起，幾乎沒有因為擔心「這樣說的話，會不會被認為不好呢？」而沉默。

我想，只是長我幾歲的前輩與我的想法不應該會天差地別。

是所謂的叛逆精神嗎？我從小到大都沒有改變這樣的態度。

我永遠都記得，小學五年級的秋天，那場我終於可以上場的棒球比賽。

正值雙方得分差距大，我方處於劣勢的局面。一人出局時，我站上擊球區，教練的指示是「短打」。

我心想：「唉？那不就贏不了了嗎？」於是用力揮了棒。

教練喊我過去說：「你看錯暗號手勢了喔！是短打才對。」

但我回答說：「那不是很奇怪嗎？」

我後來也沒聽教練的「別管那麼多，叫你做你就照做！」的指示，用力一揮結果揮棒落空。

我一下場就被打了一記耳光，之後教練再也不讓我出賽了。

但我並不後悔。

我仍然堅持，不能讓自己心服口服的事，我絕對不做。

對自己而言是羞恥的事，無論是誰叫我做，我都不想做。

可能是這樣的想法很強烈吧。

一輩子都等不到準備周全的那一天到來。什麼都別想，下定決心就好

看棒球賽時，選手能不能揮出安打，當他站到擊球區前時，就可以知道。從等待擊球到擊球之間，若被看出有些許不安的感覺，就絕對不行。想東想西也是沒用的，應該放空一切，盡全力揮棒。無論結果如何，三次會有擊中一次打出安打的機率。

打棒球，總會有輪到你上場擊球的時候，但在工作和生活中，打擊的時機必須由自己決定，若總說「還太早，還沒準備好」，那麼無論等到何時都無法站上擊球區。要想這一生不會有什麼「準備周全之日」會比較好，因為人外有人、天外有天。

我總是想到什麼就做什麼，雖然這樣也會失敗，但是我就是這樣快樂的活著。

更重要的是，不要騙自己。

我會問自己：「力所能及的事是否盡全力完成了？」

只要沒有騙自己，下定決心去做就好。

沒問題的，總還是會等到擊球的機會。

沒有想做的事也沒關係，只要誠實面對，路就會爲你打開

在此重新講述一下，我是如何進入社會的。

從小學起的十三年，一直到大學，我都是非常喜歡棒球的人。

讀到中學、高中時，我還算是會讀書的，但進大學後，我的成績只是「ALL PASS」。

在我的記憶中，我在大學只去上了五次課，這真的很糟！

靠著朋友背地裡替我掩護，我才終於能畢業。

在千葉上大學時候打棒球，曾想著「如果能成為職業選手就好了」，但因實力不夠，後來又受傷，而放棄了當職業選手的念頭。

既然如此，就必須找工作才行，但是我也沒有認真地想過找工作。

我只是發呆的看著周邊的同學們很快地找到工作。

為何我無法進入找工作的狀態呢？因為我沒有想要做的事。

說起來好像很理所當然。

因為還沒踏入社會，也不知道有什麼工作可做。

我很不喜歡騙自己，所以當時只想著：「我沒有想做的事，也沒有想去的公司。」

今天回想起來，當時對自己誠實是對的。

誠實地發呆卻開啟了意想不到的康莊大道。

在眼前的人引導之下，踏出了第一步

我快要畢業了，但仍未決定做什麼工作，當時在背後推我一把的人挺出乎意料。
是當年我每天一定造訪的花店的阿姨。
當時，我住在簡樸的學生宿舍裡，
在絕不能說好看，甚至有點煞風景的日常生活中，至少也應有點色彩，
因此我每天會在花店關門前去買一朵花，
就這樣和花店的阿姨熟識了，她有時會說：
「這是今天賣剩下的，你拿去好了。」
那時也會順便聊聊天，某一天阿姨問我：

「中野君，你工作找得如何了？」

我回答：「我還沒決定呢！」

「真是壞學生呀。沒有想去的公司嗎？」

「沒有。」

「真的沒有嗎？」

「沒有。我找不到想做的事，無所謂，什麼都可以。」

「那麼，我幫你問問看我表兄弟工作的公司。」

就這樣她幫我介紹了工作，是位於新宿的伊勢丹百貨公司。

我的就業便是在一朵花的引導下，因緣際會突然降臨的。

沒有會做的事也沒關係，只要沒有自我設限，什麼都可以做

沉迷於棒球的學生，每天晚上買一朵花，

這段插曲在伊勢丹的求職面試時，被好意地問到了。

只是我連伊勢丹是怎樣的公司都不知道。

說起百貨公司，我只知道曾去打工的西武百貨而已，

對於求職考試，我完全沒有準備，所以考得很爛。

被面試官問到「你會做什麼？」時，

我回答：「什麼都不會。」

「那麼進我們公司後，你想做什麼工作呢？」

「沒有什麼特別的希望。」

這樣的應對讓面試官也只能苦笑。

即使這樣也能成功進公司，主要拜花店的阿姨之賜，

也多虧了能多方面觀察人的友善公司。

儘管進了公司，比起正式進公司的其他新人，我受到的待遇還是不一樣。

我被派到剛成立的相關子公司「MAMMINA」，

也是之後推動「ANNA SUI」、「Keita Maruyama」等品牌的女裝專賣店。

這裡成為我在服裝業界累積資歷的起點。

因為是剛成立的公司，所以什麼工作都讓我做，我反而覺得十分有趣。

這正是「沒有任何想做的事」這種不設限的心態帶給我的幸運。

公司不過是個硬體，即使沒有「愛公司精神」也沒關係

自己到底是為了什麼工作？
答案只有一個，是為了自己，並非「為了公司」。
說是「為了家庭」也是有點讓人懷疑。
自己喜歡，自己開心，才會做目前的工作。
公司是讓人開心工作的媒介，只是個「硬體」。
公司並非自然界中最早存在的，
是人類創造出來的系統，
若是人反而被公司利用，那可說是本末倒置。

我個人認為，「為了公司」犧牲自己是有點怪的，
硬要求員工有「愛公司精神」也很奇怪。
也不是說對工作毫無熱忱，
而是說到底，「自己才是工作的主人」。
我認為，若想埋頭工作，無論到多晚都可以留下來工作。
我年輕時也曾徹夜留在公司工作，
因為當時有「無論如何都想在今天內完成」、「因為自己想做而去做」的感覺，
完全不覺得痛苦。
為什麼呢？並非為了要努力工作，而是因為自己已沉迷於工作中。
以人為主，公司只是道具，希望不要搞錯這樣的關聯性。

「總而言之，向前進再說」，光這樣是很危險的，應該有隨時可以辭職的勇氣

如同車子有油門和煞車才能安全行走一樣，
人也應該要保持平衡地區分「前進」和「停止」。
年輕時常會聽到「總之什麼都先做做看」的建議，
但是就這樣一直前進也不好，
重要的是應該經常感受周遭風向的變化，
感覺到「嗯？有點不對勁」時，就應該停下來，
察覺到「再往前進可能有危險」的話，不要猶豫的踩煞車是很重要的。
反正無論從何時開始，成功的機率大概都是百分之一吧？

踩煞車的力量對於維持安全才是重要的。

「請向前進」和「無論何時都可停下來」搭配成套遵循的話，反而容易放輕鬆去挑戰。

無需設立目標，如果過於努力，放棄就好

和「開始的勇氣」一樣重要的是「放棄的勇氣」。
若被問及，「該如何判斷何時才是應該放棄的時機呢？」
我會回答，當自己感覺到「過於努力」時。

應該在意的不是細部問題，而是要有大的方向。
若產生不自然的阻力，感覺到「好像有些地方不像自己」時，
就可以認為到了快放棄的時期了。
放棄時最大的阻礙者就是過去的自己。

我見過很多人認為「好不容易走到這裡了」，因過去的積累而卻步。

但是應該好好想一想，一直這樣拖著會有未來嗎？

周邊風景是否有了很大的改變呢？

「目標設定要高，朝向目標勇往直前」是以明治時代「欲望為前提」的富國強兵精神。

就算沒有那樣的目標，人也能為了眼前的幸福和快樂活下去的。

那才是活在成熟的國家，深謀遠慮的人應有的樣子，不是嗎？

根本不用想五年後的事。享受今天，專心做讓自己著迷的事

進伊勢丹幾年後，

我因與前輩吵架而辭職了。

事情的開端是因為我和平時一樣想到什麼就說什麼。

當時，為了不輸給競敵，三越百貨，

我認為陳列相同品牌的服飾是沒有意義的。

為何這麼說呢？想想看，從新宿車站過來的人潮眾多，

對位於離車站較遠的伊勢丹很不利。

當時我和前輩說：「這樣下去，不行吧？」沒想到突然惹怒了前輩。

不明事理的小伙子完全不退讓地跟前輩吵了起來，結果乾脆辭職。
人生會發生什麼事真的不知道，
我也並沒有因為好不容易進了這家公司而惋惜。
剛開始沒想過自己能做些什麼，
也沒想過三年後、五年後想做什麼。
重要的是今天能夠快樂的工作，
若有自己能做的事就拼命去做做看，只是反覆如此而已。
我不會太過於具體地描繪未來，
模模糊糊的狀態下，反而可以做更大的事，不是嗎？
還有每天小小的幸福。
例如，「隔壁部門的那個女孩很可愛，下次找她一起吃個飯吧。」
我會將這樣小小的樂趣，當成工作的原動力。

世上沒有所謂的穩定；經常改變乃自然的安排

最近的年輕人有著「追求穩定」的傾向。
在急遽變化的世界，期盼能有著些許穩定。
但我想說的是，世上並不存在所謂的穩定。
沒有永續的企業，自治體也總有一天會消失。

總之，人活著的世界中，
是持續不斷的流動、變化的，今天和明天都不會完全一模一樣，
以一天為單位或許是難以察覺的微小變化，
在大潮流中則是激烈的。

這樣的世界所需要的不是追求穩定的心，而是應對變化的能力，能在瞬間感受到冷風並停下腳步的能力，而且是能夠大大改變前進的方向，再英姿颯爽地邁出腳步的力量。

我建議年輕人，要鍛鍊出堅強且能因應變化的自己。

人生是微不足道的，在宇宙中只不過是眨眼的一瞬間

「雖然想下定決心，卻拿不出勇氣」，像這樣無法邁出腳步的人，只要這樣想就好了：

地球一直在外側，從宇宙空間來看的話，自己的人生是微不足道的，能不能被看見，也根本不知道一個人從出生到死亡，在宇宙流動的時間中，僅是一瞬間，可能還不夠眨下眼吧。

無論誰都一樣，存在這世上的所有生命都是如此。

無法創造出對世上永遠有用的東西並沒什麼大不了的。

若能這樣想，任何事不就都可以輕鬆做做看了嗎？

還會下不了決心嗎？

想讓自己成為對社會有幫助的人，這本身就是自我膨脹。

當然努力對社會有幫助是很重要的，

但我想快樂、心存感激地享受每一個今天。

就算工作失敗，也並非明天就死了。

我認為在這個無論做什麼都能被原諒的年輕時代，只要放輕鬆，下定決心去做即可。

關於中野先生

在日本的經營者當中也是個奇葩

隈研吾

我和中野先生開始往來是在約十年前左右，相識的契機是，某天他突然到我的事務所說：「我想見隈先生。」

我當時正好也注意到「寺田倉庫以天王洲地帶為舞台，做了許多有趣的事」，所以跟他見了面。結果他比我想像中的還有趣，而且我馬上知道他是個與眾不同的人。

中野先生在日本的經營者當中也是個奇葩。首先，在決定事情時，重視自己的直覺。當他決定「這樣很好，就這麼辦！」時會毫不動搖。當他感覺到很好時，便打從心底相信，絕對不會猶豫。

我在推動許多建築計畫案時，對於日本企業特有的以合議為基礎的決策作法常常感到疑問，所以對於中野先生的領導力有著「這樣才像樣」的感覺。兩人意氣相投，之後便成為經常一起吃飯，一起旅行的好朋友。

有關品味的本質

和中野先生聊了很多，讓我留下印象的是，我們討論了有關「品味的本質」。「隈先生，這間餐廳的空間真棒！建築物、家飾品、音樂、餐具、制服都很有品味，理所當然餐點也是色香味俱全。我很難將建築物和餐點區分開來，我認為全都是相輔相成的。」

我邊聽邊感到信服。心想以同樣的想法用在好建築上的話，激發感性的用餐體驗也是很重要的，於是我在日常生活中也開始注意了。

個體的生存

為何會從中野先生的生存方式感受到品味呢？

答案應該是「因為是個體的生活」吧。

無論是否歸屬於組織，社會上分為「個體生存的人」和「無法個體生存的人」兩種，中野先生很明確的，不，應該說是很強烈的屬於前者，所以很舒服。

今後是個體的時代，遊走於世界的舞台上，能以自己為主體下決定、行動的資質是不可欠缺的。中野先生是可以成為模範的日本人之一。

現在以台灣為據點的中野先生也很會與中國人建立信賴關係。我也常在中國工作，所以我很清楚，中國人做生意時非常重視「個人的情誼」。總是誠實、表裡如一地說出自己的想法並付諸行動的中野先生，才能擅長建立跨越國界的信賴關係吧。

自己決定，自己負責

憑自己的直覺可以立即行動，我想其自信的來源是「經驗」。我聽他說，他在年輕時開店負了債，在首次走訪的國家創業等累積了各種經驗。

中野先生無數次挑戰了許多不知是吉還是凶，且誰也無法保證結果的賭注。因為他習慣了自己做決定，自己負責，他的直覺已精準地符合時代的要求。

他也曾告訴我，其實他和父母的緣份算是薄的。我記得他的說法是：「在陌生的地方被養育成人，卻仍受到周遭大人們的寵愛。」

聽了此話，我開始感覺到能理解中野先生這個人的天性。中野先生是個打從心底信賴人，比什麼都重視人與人之間的情誼的人。

要活得像中野先生一樣帥，應該從何處著手才好呢？我想勸想學習中野先生的年輕人們「去旅行」。

要有一個人身處異國，安靜地與自己對話的時間。那也是我至今仍非常重視的時間，應該能成為培養直覺，獨立自主個體生活的第一步。

隈研吾（Kengo Kuma）

一九五四年生。東京大學建築研究所畢業。一九九〇年設立隈研吾建築都市設計事務所。二〇〇九年至二〇二〇年任東京大學教授。

一九六四年東京奧運時，看到丹下健下設計的代代木屋內競技場大受衝擊，從幼年期起便立志成為建築師。大學時師事原廣司、內田祥哉，研究所時代曾橫斷非洲撒哈拉沙漠，調查部落，對部落的力與美大為驚艷。曾任歌倫比亞大學客座研究員，一九九〇年設立隈研吾建築都市設計事務所。至今已在超過二十個國家設計建築，曾獲日本建築學會獎、芬蘭的國際木材建築獎、義大利的國際石頭建築獎，還獲得日本國內許許多多的獎項。他的建築設計以融入當地環境、文化為目標，提出以人為本的體貼、柔和的設計。此外，還透過探索可取代水泥、鐵的新素材，追求工業化社會之後的建築法。

第二章

全部捨棄

培養捨棄的品味，從意識到好、惡做起

不知是否會認為我太容易下決心，什麼都捨棄？

我在受訪時被問到：「該丟什麼，該留什麼？如何培養選擇、取捨的品味呢？」

我其實不太知道自己到底有沒有品味，

但有一點可以說的是，

在每次的選擇，我都可以清楚地意識到「喜歡、討厭」。

然而並不需要當場說出來。

「感覺」這個好，這種做法不太好。

理由可以之後再找，先直覺地以主觀來判斷。

剛開始也許需要勇氣，

但如果不這樣做的話，就沒有自己的中心思想了。

那麼，是從哪裡開始培養出判斷「喜歡、討厭」的能力呢？

回溯我過往的經驗，其緣起應該是小時候受到祖母的薰陶。

我想似乎是「插花」課的影響。

喜歡哪種花？喜歡剪多長？

喜歡插怎樣的角度？喜歡怎樣的組合？

直到今天我才感覺到，

從無限個組合中，決定如何插的插花課，

說不定是長大成人後「相信直覺的決斷力」之基礎。

與其捨棄，乾脆別擁有。家、車子、手錶都一樣

在講有關「捨棄」的事之前，
我其實一直選擇的是，與其捨棄，還不如「通通不要擁有」的生活型態。
我在台灣過的是租房生活，
家具也只有最小限度的東西，
在日本工作時則住在飯店，
沒有車，對高級手錶也沒興趣。
為了讓工作會議在有限時間內結束，只要有個液晶手錶就足夠了。

日用品也絕對不是高級品。

衣服是在行經的亞洲各地快速購買的，都是隨時可以丟棄的便宜貨。

食物則最喜歡選購便利商店的新商品。美食就在聚餐時享用就滿足了。

有很多人感到不可思議地問：「以作為經營者的收入，若花在置辦家產上，應該是不錯的吧？」

但我對物品完全沒有執著，只要不要擁有，生活就不會被物品所填滿，也不用在買賣土地和房子時辦些煩雜的手續，重要的是減少了災害的擔憂。

更重要的是，我喜歡輕鬆的生活方式。

擁有並不會產生穩定，捨棄東西就能自由

買房子，蓋房子。

現在擁有住宅似乎仍是許多年輕人的目標。

我個人完全不這麼想。

我對於住在租的房子或飯店並不會感到不便，

為何要買房呢？

是因為想獲得「隨時都可以回家生活」的安心感吧？

但相對來說，便意味著「要一直被綁在這裡」。

實際上，當颱風、水災逼近時，應該馬上逃離，

但每次不都有人「因為擔心家而想留下來」嗎？

為了家丟掉性命真是本末倒置。

反而會讓人懷疑，有了家反而活得不自由，不是嗎？

阪神大地震時，有位剛蓋好獨門獨院新房的朋友為此感嘆著。

我認識很多一夜之間失去家、失去房子的人。

擁有東西並不會因此產生穩定感，反倒是徒增了不安。

「無論何時都可搬家，到哪裡都可以馬上開始新的生活」，

我認為這樣會使人生的選擇變多，我個人想要這樣的輕鬆自在感。

回憶也捨棄，因爲沒有用

回憶是美好的，
當然我也有想好好保存的回憶。
但是因為回憶很重要，而拘泥在回憶中是不好的。
我認為越是美好的回憶，就不應執著於回憶。

想守住過去，過去就會變成「前例」，
如此一來，會想做和前例類似的事。
沒有前例的話，會變得無法行動，那就更不好了。

前例會束縛未來，
在激盪的現代，前例是沒有用的。
我想成為無論何時都可以想出新點子的人，所以我連回憶也捨棄。
不回顧，想不停追求未見過的風景。

隨身攜帶的只要一個小公事包就夠了

開始輕鬆的生活，最快的方法是要將皮包變小。
我在搭飛機時也不帶大行李箱。
只帶著能隨身手提的極小公事包。
無論去哪裡都帶著這個公事包出門。

公事包中裝著內衣、襪子、iPad、家裡鑰匙、眼鏡等。
衣服會到出差當地買，反正在一個地方頂多待個三、四天。
還有手機、小錢包、薄手冊、
以及出國時不能忘記的貴重物品而已。

只要決定皮包只要一個，尺寸要小，
自然帶的東西就會減少。
因為塞不下很多東西，也不得不控制數量。
如果有二、三個皮包，還要再拖個大行李箱，
就很容易想要盡可能塞進能裝的東西。

一開始若決定了「只帶這個」，那就不得不放棄。
買了新東西就必須丟棄舊東西，
經常換東西的感覺，很新鮮，心情很好。
無論如何，可以不用擔心寄存行李，
可以節省在行李輸送帶前等行李的時間。
只有一個小皮包的生活，您覺得如何呢？

拋棄預定，留下爭取靈感的空白

我的筆記本是完全空白的。

我一直隨身攜帶的筆記本只寫預定停留國家的出入境預定時間。

詳細的行程管理都交給祕書做，

但我也會拜託祕書，「盡可能不要塞滿行程」。

擁有下決斷任務的領導人隨時都要收集情報。

必須有可以隨時接受突擊諮詢的餘力。

若以分秒必爭的行程為傲的話，重要的資訊就會進不來。

點子的靈感通常是從零零散散中取得的資訊，在意想不到的組合下結合而成的。

「或許，說不定剛才看到的那個和兩週前說的那個有關聯呢。」

因此我認為特意空出可以「發呆思考的時間」是非常重要的。

我建議，即使是在工作很忙的時候，

也不妨定期騰出「什麼事都不做的時間」，

養成發呆、喝個茶等的習慣。

捨棄聚餐，無需努力拓展社交關係

日本企業文化長年來有著「飲酒溝通」的說法，也就是下班後一起邊喝酒邊交誼的習慣。

我不喝酒，也幾乎不去參加聚餐，年輕時即使前輩來邀我，我也會斷然拒絕。

工作只要白天好好做即可，無需交際應酬到晚上。

「但是，說不定在聚餐時可以拓展人脈……。」

即使沒有興趣，也會覺得，是不是去露個面比較好呢？」

當我聽到年輕人這樣說時，我都會笑著回答說：「沒關係喔。」

即使不參加聚餐，也可以非常開心的工作。
一定有機會碰到有緣的人，
畢竟在人際關係上，「碰到不合的人是理所當然的」，
這樣想，心情不就輕鬆多了？

努力地賣笑臉之下，
一起工作的人也只有三人或五人，再多也只有十人左右吧？
若有十個可以一起工作的人，那麼大多數的工作都可以完成。
晚上早點回家休息，花點時間在自己喜愛的興趣、陪自己喜歡的人，
遠比夜夜買醉，早上再睡懶覺來得好，
隔天的工作效率也應該會好很多。

捨棄與人交往，只要有可以暢談未來的朋友即可

在長壽的社會裡，若沒有經常捨棄一些東西，身上的擔子會愈來愈重。

不僅是隨身物品，與人的邂逅交往也是如此。

一出門就會有新的邂逅，不知不覺會發現，交往的人數也增加了。

例如，一年邂逅上百人，二年就二百人，三年就有三百人。

與所有的人都交好是不可能的。

我認為，平時可保持聯絡的朋友只要有十人就足夠了。

我想持續交往的是可以談光明未來的朋友。

光會發牢騷、抱怨的人，則會自然疏遠他。

人際交往並非時間愈長愈好，
向剛結識的人學些新鮮事物是經常有的事。
來者不拒，去者不追。
我隨時都敞開社交之門。

捨棄習以爲常，與陌生人對話能得到刺激

人若習以為常就會變成笨蛋。
不用腦，腦力自然衰退。
因此我平常就會注意，
盡可能讓自己置身在不習慣的機會與場景中。

光說聊天，跟熟識的朋友見面聊天很舒服，這是理所當然的。
對方是怎樣的性格，可能會說出什麼樣的話都能想像得到，所以很安心。
但是一直與同一批人見面，一直講同樣的話，腦袋會漸漸衰退。

重要的是要持續給自己增加「負擔」。

我寧可突然進到不熟悉的小鎮市場，

與在店裡買東西的阿姨閒話家常，只要聊三分鐘就能獲得刺激。

「阿姨，您從哪來呀？」「今天有什麼值得推薦的呢？」

「喔，很稀奇喲！」「為什麼呢？」

這樣的對話比較能用到腦，心情也頓時年輕許多。

而且，這樣的對話在日常生活中想做的話隨時都可以。

使每一天變豐富精彩的刺激大多隱藏在日常生活中。

捨棄執著，選擇精神上的自由

有邂逅就有離別。
尤其是男女，一度成為夫妻，曾經相濡以沫，
之後選擇分手，這絕不是稀奇的事。
我的夫妻觀是，「若已經無法提升彼此關係的話，分手對雙方都好」，
我想分手的話，漫長的人生會更加豐富，也可以活得更有意義。
分手是迎接積極未來的起點。
然而在分手時陷入泥沼的夫妻似乎有很多，那是很可惜的事。
兩個人好不容易互相吸引結為連理，

若是離婚訴訟拖拖拉拉，懷恨對方的話，快樂的回憶也會成為泡影。

為何分手會拖拖拉拉呢？我想理由之一是「對物的執著」。

「這是我的」、「不，是我的」，因為彼此互不相讓而爭執。

一方乾乾脆脆放手的話，就不會起爭執了。

只要說一聲「都不要了」，在放手的同時，就能從對物的執著精神中解脫，便可將能量灌注到新的事物上。

而且也不會更多的去玷污了對彼此的感情吧。

如果是我會毫不猶豫，寧可選擇精神上的自由。

花和人都一樣，在對比中更加突出

我在插花中學到，
世上所有的東西都是因「組合配對」而或生或死。
花的色彩並不是光靠花本身來襯托的，
旁邊應該插白色還是黃色，對比是非常重要的。
人也一樣，
將誰放在身旁，便可襯托出特性，不是嗎？
在選擇工作夥伴時，盡可能選與自己不同型的人比較好。
相似的人反而危險，

想著相同事情的兩人在一起是沒有意義的。
應該找能突顯自己的長處，彌補自己短處的對象。
我一直都很重視「組合」，也是這樣領導過來的。
夫妻也一樣吧。
一男一女光是各有各的魅力是不會好的。
我一直都抱持著「我和你是否能相互襯托？」這樣的觀點。

捨棄書本，因爲還想以新鮮的心情去閱讀

當被問到「如何維持輕鬆的自己？」時，
無論如何，我都會回答：「就是要捨棄。」
捨棄，捨棄，不覺得可惜地捨棄。
我有這樣的感覺，
養成丟東西的習慣，心情也會變得輕鬆。
例如，有人喜歡把讀過的書當成收藏擺在書架上，
我則是完全相反，
書讀完就丟（賣到二手書店）。

無論再怎麼令人感動的書，我也不會收藏。
但是，好書過了一段時間還會想再讀，
那時就再買新書。

也許有人會想，收起來放著不就好了嗎？
因為第一次讀的自己和第二次再讀的自己是完全不同的人。
我想歸零，以新鮮的心情，邂逅新鮮的學習。
以這種態度翻閱乾淨書頁的瞬間會讓我心情很好。

衣服隨時可以捨棄，因爲沒有任何執念，才能下定決心

衣服也是一樣，

大約穿兩年就算好的。

知道我待過流行服裝業的人可能會感到驚訝，

穿五年前的衣服就好像回到五年前的自己，我並不喜歡這樣。

說起來，對穿著太過講究會變得不自由，

這是我的價值觀。

有可愛的小孩在塗鴉時，

「會把新衣服弄髒啦，不要拿沾了顏料的筆亂揮！」

不想說這樣庸俗的話。
大人的任務是守護、支持沉迷在玩耍中的小孩。
只要穿著「隨時可以丟的衣服」，
行動便不會受限制，無論何時都能下定決心。

我經常想，所謂的時髦是不用買貴的衣服也會很快樂，
重要的是搭配的技巧。
在搭配當中也能享受到不停替換、變化的快樂，這也和我的性格相符。
這樣的心靈自由是我最重視的。

捨棄過去的殘留記憶，一直保持新鮮的自己

我的同學都退休了，大家一空閒下來，同學會就變多了。

我也決定短暫的露個臉，享受與久違的老友重逢敘舊的時光，當被同學說：「感覺你又變了耶！」時我會很高興。

隨著某種程度年齡的增長，喜歡被說「你都沒變耶！」的人（尤其是女性）很多。

但是我完全不開心，因為我想隨時保持新鮮的自己。

決定臉的第一印象的要素之一是髮型。

曾幾何時，定期大大地變換髮型已成為我堅持的原則。

大概每隔五年我都會去常去的美容院，
要求美髮師「大膽的改變髮型」。
現在是將頭的兩側剃成左右非對稱的髮型，
下次呢，我異想天開地想著，用剃刀把頭髮全剃光也不錯吧？目前正計畫中。

我認為最難看的是一直維持著年輕時的髮型。
一直無法放棄自己過去的記憶，就會這樣。
但只有本人才沒有察覺到，現在的樣子和自己並不適合。
因不願成為在背後嘲笑朋友的薄情人，
我會告訴他說：「適可而止吧！是不是該改變了？」
這不也算是一種體貼嗎？

捨棄報紙，看標題用想像的就好

只吸收最小限度的資訊。

連資訊來源之一的報紙也一樣，早已捨棄詳細閱報的習慣。

某天突然發覺，

想大致掌握每天變動的商業、政治的局勢，

光看「標題」不就夠了嗎？

最近我會快速看一下iPad下載的「日經電子報」新聞總覽，

一口氣看完總覽中的新聞標題，這樣就能大致知道了。

標題是要點中的要點，

光從標題中的十幾個文字，就能大概知道報導的內容。

或許也有可能是錯的，

但我想即使細部內容多少有點出入，也不會有什麼太大的影響。

我只會留意真的想詳細瞭解的新聞，之後再去詳細調查。

反正也還有優秀的員工。

我認為什麼資訊都全部裝在自己腦袋反而是沒效率的。

我從小記憶力就相當好，也常常會想起「那天好像發生過這樣的事」，之後再去檢索。

重要的事並非已經發生的事，要多花點時間去思考有關未來的事。

捨棄導演，哪裡感動由自己決定

成年之後就連娛樂我也會選擇「自由度」較高的。

若是欣賞同一個故事，比起看電影，我更喜歡看書。

光用文字表現的書，書中所描繪的情景，我要畫上什麼顏色都是自由自在的。

在何處感動，何時暫歇回味一下，故事發展的緩急等，

讀者都能掌握主導權，這樣會比較好。

若是電影就無法如此了，

導演會有意地利用音樂、影像來引導觀眾，達成「讓觀眾在此刻感動」的目的。

這雖然也是電影好的地方，

但我是屬於想自己決定感動的點的類型。

對我來說，好書無需有過多的說明和解釋，寫的是會留給讀者有自由想像空間的文章。

讀者不同的話，有人會笑，有人會哭。我喜歡這樣的文章。

讀者感到有趣的點各自不同，或者毀譽參半的作品會更讓我雀躍。

捨棄實物，至高的遊戲是在腦海裡

喜歡不執著於物的生活方式，是從何時開始的呢？
回想起來，是在孩提時期。
小學低年級時沉迷於電車運行計畫表。
隨意取車站的站名，逐步連接鐵軌、蓋車站。
如此一來，街道就成形，地區就成形了。

在街道上畫上房子和店面，並一一寫進自己想像的名字，
這樣就可以讓我玩到太陽下山。

我是個根本不需要玩具，只要有紙、筆就能玩不停的小孩。

當時若被大人問：「買鐵路模型玩具給你吧？」

我可能會說：「不要。」

為什麼呢？如果眼前有和實物一模一樣的模型，就無法有自由自在的幻想了。

對我而言，最棒的遊戲是在自己的腦中隨心所欲的想像，創造只屬於自己的世界。

在現實世界中已經有的東西或成品會奪走從零創造起的自由。

至高的遊戲是在我們的腦海裡。

捨棄智慧型手機，因爲不想迷失自己

在街上走路時大家都注視著手機。

我以前也用過智慧型手機，

但是才用一個月就不喜歡，索性不用了。

為何討厭呢？因為資訊過多而占據過多的時間。

滑開手機畫面不僅能上網，還有無限多的手機軟體。

結果會不經意的處理了超過自己能處理範圍的資訊。

於是不知不覺地迷失了自己。

我馬上就意識到這樣不好，於是捨棄了使用智慧型手機的生活。

現在我只用掀蓋式手機。

準確來說是二〇一八年復刻的au「INFOBAR」系列手機，我喜歡它紅、白、水藍的配色設計。

如何？很可愛吧？也許只是自我滿足罷了……。

想要慢慢閱讀資訊時我會用iPad。

要保持好自己的步調，這樣是最好的。

用智慧型手機看電影並非文化，用五感去感受眞正的電影吧

乍看很方便的東西，實際上蘊藏著使我們心靈匱乏的危險。
是否已經失去一直以來珍視的文化呢？
應該經常留意，那是文化嗎？還是只是文明的利器？

例如，看電影。我認為只有在電影院看的電影才算電影。
在飛機上看後認為「不錯」的作品，我會再到電影院看一遍。
大螢幕的故事發展，扣人心弦的音效。
在創作者設想的環境中看電影，應該才能稱得上是「看電影」。

但是，現在用智慧型手機的小螢幕也能簡單的看電影，
不去電影院的年輕人也似乎增加了。
那真的能稱作電影嗎？
用自己的五感體會到的感動，才能確實成為自己的東西。

若有人私下煩惱著「總是受別人的評論影響，無法好好說出自己的感想」，
那麼，我想建議他「首先請看真正的電影」。
只要在大螢幕看，很自然的感情就會沸騰起來。

所謂的文化是一朵花，最高的奢侈是捨棄

之前也說過，我的學生時代是在簡陋的學生宿舍生活，
但我每天都會買一朵花。
對當時的我來說，一朵花可以豐富我的心靈。
是奢侈，是終極的自我滿足，也正是文化。
同樣的，年輕人也可以在房間掛一幅喜歡的畫，
營造「自我滿足的生活文化」。
因此我構思著，
要打造一個讓低價格帶的藝術作品能更容易流通的系統。

只要運用可擔保個人信用的區塊鏈技術，
好好保留購買藝術品的資訊履歷，
那麼，便可能實現將報酬回饋給藝術創作者的架構。
改革以往只有部分職業藝術家的作品可以流通的狀況。
若能打造出讓作者可獲得持續收入的系統，
便能更進一步發揮年輕的才能吧。

要裝飾一幅畫就必須營造出不會防礙到畫的空間。
會需要將堆放在牆角的雜物整理乾淨，捨棄多餘的東西。
結果東西應該會減少吧。

不過，這樣反而更加奢侈呢。
「捨棄的奢侈」應該會成為今後的新價值。

關於中野先生

自己就是聖經，那種生存方式真是帥！

日本機場大樓取締役副社長
大西洋

中野先生是我尊敬得不得了的前輩，他與我結緣的起點是「老巢」。我大學畢業後於一九七九年進伊勢丹百貨工作。我從各方面聽説，集團旗下的子公司「MAMMINA」有個「破天荒的，非常能幹的前輩」。此時中野先生已轉到鈴屋工作了，雖然他沒有直接在工作上指導過我，但在那三十年後，我在伊勢丹擔任社長時，我們終於有了説話的機會。

決斷迅速，決定要這樣做時絕不動搖

讓我打從心裡尊敬的經營者有幾個人，但其中沒有能和中野先生並駕齊驅的。他總是英姿颯爽，外表和頭腦都很年輕，應該說是風格不同，還是氣場不同。

決斷迅速，決定要這樣做時絕不動搖。想實現的願景很明確，且不妥協。絕對不會因顧慮周遭的臉色而改變意志，自己就是聖經。那種聖潔而沒有謊言的生存方式真是帥。

我擔任現在的職務起，幾度與中野先生一起從事地區開發案，能夠一起描繪夢想是很光榮的。然而其中一個開發案正在準備開始時，實際上中野先生已決定中途退出。他不太講理由，但我好像多多少少能理解，一定是他對開發案的推動方法有什麼其他的想法吧。即使已經投入高額資金，他也是說退就退。說真的我也會覺得惋惜，因為「再等一下就……」。不過，這真是像中野先生的作風。

創造力和商業直覺兼具的領袖

在寺田倉庫實行的改革真的很棒。

能那樣大刀闊斧徹底革新的經營者很少見。他是創造力和商業直覺兼具的領袖，儘管不是老闆，卻能發揮強有力的決斷力和實行力，那就是中野先生。

最應該稱頌的是，他重新質疑長年來經營「倉庫業」的寺田倉庫之提供價值，完全改變了企業的型態。以亞洲富裕階層為目標，開啟了保管高級品的生意，並將天王洲這個地區整個包裝變成「藝術之城」，格局完全不同了。能創造出如此驚人的結果，卻沒有因此而驕傲，也沒聽他說些炫耀的話。

今後應該只有將自己公司的產品或服務等事業重新組合的企業才能生存下去。我認為，如何培養出像中野先生一樣的領袖，是日本產業界的課題。我希望自己也能成為追逐他的成就的其中一人。

重感情、體貼、有人情味的人

還有，中野先生身為經營者罕見的地方是對生活文化的深刻理解。中野先生很瞭解，文化才是日本的財產，而不是物品。中野先生熱愛藝術並一直不斷支援創造藝術的藝術家們，也一直積極地參加在日本藝術市場的活動。

對結果要求嚴格，必要時也不惜割捨的中野先生是個重感情、體貼、有人情味的人。他不會與人密切的交往，但會看穿、守護人的本質。

大約在一個月前，他在眾多人集會的宴會會場上，舉出我的名字及過去的工作資歷，激勵我說：「他是個積極致力於改革的社長。」當時我高興得眼淚幾乎要奪眶而出，讓我覺得他是我一生都無法辜負的人。

話雖如此，由於他做決斷太快，我也會有跟不上他的時候，或因想法不同而無法在一起的時候。

為其生存方式的美學所傾倒

我喜歡流行時尚，我認為經營者的人格也會表現在「外表」上。說「外表沒有關係」根本是假的，穿什麼衣服，會體現出生存方式的美學。

在這點上，中野先生的穿著非常棒，他很會穿搭休閒牛仔褲，再套件合身的外套，高級品牌和無品牌的衣服也自由的搭配，「因為喜歡才穿，因為現在想穿才穿」，他從衣品中表現出表裏如一、純粹的自己。

因此他非常自然，給周遭人一種非常誠實的印象，這才是大人的流行時尚。我每次見到中野先生，都會對他的穿衣品味所流露出的生存方式的美學所傾倒。

大西洋（ONISHI HIROSHI）

東京出生。一九七九年慶應義塾大學畢業。

歷經三越伊勢丹控股公司社長、二〇一八年六月任日本機場大樓取締役副社長（副總經理）、同年七月兼任羽田未來總合研究所代表取締役社長（總經理）。

以創造羽田機場內外的新價值為目標，致力於地方創生、文化、藝術的傳播。

第三章

保持自然狀態去工作

不猶豫不決，決定了就去做；但是朝令朝改

我決定要做的事絕不猶豫。
應該做的事，立刻開始比較好。
我想我算是下指令明確的，但是會「朝令朝改」。
有時早上六點才講的事，兩小時後就變掛。
員工也早已習慣了。
「中野先生，你現在這樣說，但過了中午或許就變掛，我會邊進行邊努力因應變化的。」

蒙古的草原不也一樣，儘管早上晴天，或許中午就下雪了。
那麼不是應該穿外套嗎？
之後若是天氣放晴，氣溫又升高到三十度，難不成要繼續穿外套嗎？

狀況改變的話，行動也一定要改。
我認為不能被兩小時前自己的發言所綁住而做出錯誤的判斷。
沒有「這樣才對」這種絕對的事。
就連自己的判斷，從決定的瞬間起便開始產生懷疑了。

想到的事就出聲，因爲想如實地傳達氣勢

無論是做工作或任何事，我一想到「啊，不傳達這個不行」，就立刻打電話。

我大概都早上五點起床，

精神恍惚地邊看電視新聞，邊整理今天應該做的事。

到了六點半左右，我會打電話將想到的事一口氣跟工作人員交待。

這是我的步調習慣，

我會先跟對方說：「無法接電話時不接也沒問題，我會在電話答錄機中留言。」

我一天打電話交辦的事大概有十件左右。

為何不用電郵而是打電話，而且還等不及的要立刻傳達呢？

因為我不想讓靈感浮現時的激動和興奮感冷卻下來。

用文字將想法打出來時，氣勢已削弱了，我討厭這樣。

要緊的是，不想讓氣勢消停。

聲音的大小和音調都含有感情，

會比文字內容傳達更多的訊息。

靈感用嘴巴說出來是最好的，而且還要馬上說。

做不到就做不到，放棄後再進行下一步即可

常聽到「工作要有意義，請加油！」的教誨，
那也是真的，但我認為「放棄也是必要的」。
也就是說，好好觀察適不適合自己。
「做不到的事就是做不到」，要有放棄的力量。

人如果沒有某種程度的放棄，就無法向下一步邁進。
如果你不知道到底適不適合，
更單純的以「想做？不想做？」來判斷就好。

明明沒有心，「這也要，那也要，無論如何都必須做」，如此過度負荷是不行的。

我的感覺是，所謂真正聚精會神的工作，一星期只要做一個就算好的。

別想自己全部都做，做不到的事留給更優秀的人們去做。

我認為這樣的想法才是必要的。

毫不猶豫的放棄

我至今已做了許多「放棄的決斷」。

回想起約二十年前，我辭掉鈴屋的工作後，曾開了自己的公司。

在朋友們的出資下，資金共籌了六千萬日圓。在東京都內租了購物中心等，約七家店面，從獨自的通路採購商品，開始從事零售業。

業績還算可以，但營業才開始不久，我評估：「有點欠缺獨特性，不應該再繼續下去。」

開業才七個月，其中幾個店面開幕才一個月後，便快速的決定關門了。

銀行的分行長勸我說：「應該再繼續下去。」但我的心情不為所動。

我一直告訴他：「不，再繼續下去才會造成損失，更加給您造成困擾。」

我不覺得六千萬日圓浪費掉了。

正因為那樣的執著，果斷的捨棄，才免於造成決定性的損失。

這是我的失敗經驗，也是成功經驗。

世上還是有希望的，秉持樂觀主義從頭做起即可

若是客觀的看我過往的人生，
我的人生說不定算是危機連連。
我是在戰時出生的，因為家庭因素，被祖父母接去撫養。
才開始工作又突然辭職，
丟掉在日本的資歷後，到外國重新出發，
所擁有的一切都歸零，
不斷重複著一切從頭開始的人生。
但我自己並不覺得是危機，

從零開始並不可怕，
我完全不會因為誰的離去而變得不信任人。

世上還是有希望的，一定會有人願意幫我。
我能打從心底如此深信不疑，應該是拜一心一意愛我的祖母所賜吧。
她即使罵我，事後也會馬上緊緊地抱住我。
小孩被緊緊的抱住時真的是很開心！
小學一年級時的級任老師高橋多喜子也一樣，
她關注到看起來很寂寞的我，常常下課後抱我一分鐘。
這樣愛的傳遞會留一輩子。
多虧了這些愛，培養出我容易親近、不怕生，對誰都能敞開心胸的性格。

沒經驗也沒關係，要有自由的想法，不管怎樣先去做

我在完全不懂零售業的情況下就進了MAMMINA這家公司，才約十人左右的小規模公司。

可能因為我是新人，被要求什麼都要做。

成立驗貨中心、負責採購商品、

做現在所謂的市場調查等。

當時連左右都分不清，總之就只能硬著頭皮去做了。

因為處於還在探索的狀態，只能自己想可行的方法。

現在回想起來，真是非常幸運。

沒有了「衣服應該這樣賣」的先入為主的觀念，想法可以很自由。自創品牌的衣服生產企畫也一樣，「材料只用一種，只採用三種顏色，相對的，尺寸更加齊全」，這完全顛覆了當時業界的常識。

和一位年輕設計師以及前輩們腦力激盪的結果，大獲成功。

「史無前例」就是「凡事皆有可能」。沒經驗正是強項。

當時在MAMMINA的成功經驗大大的影響了我之後的工作方式。

不能心服口服的事，千萬不要囫圇吞棗

不想被無法讓我信服的理由所束縛，這一直是我不變的風格，所以我完全漠視毫無道理的公司規定。

例如，上班時間。為何每天早上九點一定要全體人員都到齊呢？十點開店，九點半來不就行了嗎？

我不懂遵守上班時間的意思，我總遲到，還是說有了蹺班的毛病嗎？現在有手機和網路，無論在哪都可聯絡上。

當時並非如此。我當初被任命為小團隊的領導，但因為我不知何時才到公司，好像給大家添了不少麻煩。

公司禁止開車上班，我還曾將租來的車停在客用停車場而被上司罵。

「為什麼不能開車來呢？」

「什麼為什麼，你如果在中途發生事故不就不好了嗎？」

「沒關係，我有保險，發生事故時我自己會負責的。」

「因為擔心你呀！」

「被擔心不完的人擔心也沒用。」

「別口出狂言！」

因為我太不聽話了，還出動更上層的人，引起不小的騷動。

現在想起來好像是很奇怪的對話，但我無論多小的事，只要不能讓我心服口服，我就無法囫圇吞棗。

在公司完全被人當作「怪人」，還成了名人！

不拘泥於憑藉己力，若能借他力，總會有辦法的

工作約五年後，伊勢丹要進駐香港市場。
香港當時離主權回歸中國還很早，和現在的樣子不同。
當時沒有網路，薪水也不是平常的匯款而是外匯匯款。
好像很多人都拒絕了有諸多不便的海外工作，
後來輾轉問到我說：「去香港工作吧？」
我什麼都沒想就回答：「好的，我知道了。」
能說英語嗎？完全不會。
而且還是去之後才發現「頭痛了」，走投無路。

在不熟悉的土地，找有專業知識的人，還要找員工，要做的事一大堆，語言卻不通，頓時感覺受挫了。

當我開始思考有沒有什麼方法時，我決定去航空公司的辦公室。我搭訕剛下班的日本航空公司的當地員工，問：「要不要一起去吃飯？」我一直去搭訕，直到有人理我為止。

「光吃飯的話可以呀！」有個年長我十歲的女性理我了，當我告訴她我的情況時，她介紹了許多當地的人脈給我。

就這樣工作總算開始推動了。

菩薩、女神在哪裡都會現身，真讓人感激。

如果不能做自己想做的事，就沒有待在那裡的意義了

從香港回到日本的我，原本打算在伊勢丹開心的工作。

但只經過一週，便有了意想不到的大轉變。

如同先前講過的，我辭職了。

我辭掉伊勢丹的工作後，正到處遊蕩時，

鈴屋經由某人的門路找到我，問我：「要不要來我們公司？」

鈴屋是日本第一家流行服飾專賣店，

是在一九六〇年～一九八〇年代急速成長的公司。

全盛時期在日本國內有約三百家名為「SUZUYA」的店。

我進鈴屋是在其成長期當中的一九七三年。
名片上寫的職稱是「社長室形象負責人」。
應該是現在所謂的「品牌策略」吧？
這是專為什麼都不知道而進公司的我新設的工作，是做什麼都可以的職位。

當時剛好鈴屋計畫進軍巴黎，我希望被派到海外工作。
巴黎開店後又到紐約，
回日本後負責購物中心企畫案，
我也曾是推動日本第一家服裝大樓「Aoyama Bell Commons」企畫的成員之一，
雖然現在已經沒有了。
在新的職場我也隨心所欲地做自己喜歡的事，沒有必要客氣。
我經常在想，如果不能做自己想做的事，就沒有待在那裡的意義了。

不拘泥於場所，無論去哪裡做的事都一樣

我一進鈴屋後就馬上飛巴黎，接著去了紐約。

儘管語言也還不是很通，就負責當地開店的工作。

有人驚訝地問：「要如何做呢？」

唉呀，也沒做什麼大不了的事。

反正留在日本也並非就能發揮所長，

去海外的都市也一樣。

我就以調去大阪工作一樣的感覺去了巴黎和紐約。

到了當地首先困擾我的是「語言」。
我既不會英語又不會中文，日語也是半調子。
說起語言不通的經驗，
我上中學前，搬家到青森時還更辛苦。
不會說話就不能工作，
當時一開始的重要工作就是找助理。
我無論走到哪裡都很擅長找可以幫助自己的人。

不以過去或實績去判斷，
要和可談論未來的對象合作

要怎麼找值得仰仗的對象？而且是在語言不通的異國。
我的方法相當簡單，也許與其他人有很大的不同。
走進咖啡廳，發呆度日，觀察其他客人的樣子，
有感覺不錯的人就不經意地觀察，
只要目光一交會就上前去說說話。
「我想做這樣的工作才來這裡，要不要跟我一起做呢？」
我很難說明如何看透對方的特點，
眼睛的顏色、溫度感，怎麼說呢？要有一種「接近」的感覺吧。

對於過去，他或她是怎麼一路走過來的，我不太感興趣。
人會因為今後如何走而會有很大的改變。
就算評價過去也沒什麼用。
不以實績判斷。
雖然沒有確實的證明，只要有了「也許可以一起好好做……」的感覺，便足以成為搭檔。
緣份的開始就是如此。

有在意的人立刻去見

人不見面不知道。

工作是靠人與人的信賴關係做起來的，

實際見了面，到底是怎樣的人，彼此先了解對方後才開始關係是最基本的。

我只要找到有興趣的人，無論如何會先去見。

不久之前，在從台灣飛日本的飛機上，

剪了一篇偶然看到的報導，

是一篇介紹位於神保町的「不教育的美學校」負責人的報導，

產生興趣後，飛機一落地，就立刻約了去拜訪。

若沒有實際去見面交談則無法得知報導寫的是真是假。

「第一手情報」靠自己去取得，是理解事情最快的方法。

一想到就立刻約時間，

行程表盡量不要排太滿。我的手冊是一片空白。

只要維持輕鬆的自己，就會有空白，也常會有新的事物插進來。

我認為這樣的每一天比較快樂。

關於中野先生

中野先生一直都是中野先生

寺田朋子
寺田倉庫品牌策略負責人

自從我有記憶到成年，對我來說，中野先生是「父親的朋友」。兩家人經常一起旅行，最早的記憶是在小學低年級時一起到北海道的苫鵡（TOMAMU）滑雪。

我從讀大學起便到巴黎留學，學平面設計。畢業後在資生堂巴黎分公司，跟隨香水品牌的創作家、頂級調香師蘆丹氏（SERGE LUTENS）從事美術設計的工作。二〇一二年為了進東京總公司工作，時隔十三年返國。

我非常喜歡設計的工作，也有很多值得我尊敬的夥伴，但實在很難適應日本大企業慣有的重視合議的決策原則，因此決定獨立。當時我父親剛交棒給中野先生，在寺田倉庫擔任社長的中野先生跟我說：「這邊也要幫忙喔。」因此在創作這部分也出了點力，二〇一六年九月起擔任現在的職務。

將美麗的事物可視化並加以傳播

與中野先生開始工作後隨即感到驚訝且感動的是「他對設計的理解力之高」，完全沒必要冗長地說明將美麗的事物可視化並加以傳播的重要性。

而且他不但能理解創作是花錢且費時的（雖然也不會給過於長的時間，笑），也尊重設計師的工作。這並不是只針對創業家出身的我，而是無論對誰都是同樣的態度。

創造是生物，越是純粹且尖銳的東西越是有趣。我認為最能掌握整個事業的負責人若能相信「這是好的」，那就是最棒的事了。

在這點上，中野先生是憑感覺當機立斷的人，參與製作的我們非常好做事，很感謝讓我們完成了許多讓自己滿意的工作。不管怎麼說，「為了提高整個地區的附加價值，城市的風景一定要美才行」，連天王洲地區的電線桿都被埋到地下了，格局相當大。

公司的商標換新時，也是一眨眼的功夫就進行了，就連是否有正式說過「想一下新商標該如何設計？」都記不太清楚。當時我和中野先生和父親三人在「T.Y.HARBOR」用餐，中野先生一看到我拿出的一張草稿就立刻說：「就是這個，全部都用這個吧。」之後就全部定案。這像極了公開說：「討厭企畫書」、「結果就是全部」的中野先生的決斷方式。

英文字的「T」從縱向分成兩半，只是像引號一樣的簡單商標，也象徵著我同時想到的「創造餘白的專業」理念，我很自負能創作出可視性高的象徵。

維持可滿足彼此期待的關係吧

之後中野先生也貫徹了「重視設計」的方針，且快速地推動企業網站的更新等。我認為這十年寺田倉庫的形象策略可說是成功的，支持推動形象策略的中野先生功績卓越。常有人說今後是「感性經營」的時代，中野先生正是一位真正將其付諸實踐踏的經營者吧。

我曾經和世界高級香水品牌創造家蘆丹氏一起工作。我常常覺得他的言行和中野先生很像，也就是具備天生的創造家氣質。

不但如此，對數字的敏感度也強，兼備經營者的視線，不合的人也說不合。中野先生很也清楚地認知這一點，對員工也一樣重複傳達著「維持可滿足彼此期待的關係吧」。他若認為是優秀的人，即使是二十歲的新進女員工，也會提拔她擔任事業的負責人，這讓公司的人都跌破眼鏡！

喜歡「實行」，無法停止不前

我再說一些寺田家的人才能知道的事吧。在眾人的印象中可能會認為「中野先生是按照他想做的去推動改革」，但我的印象卻不同。他常和父親、哥哥們溝通，也實現了前社長、我的父親所託付的「想這樣做」的願景。

中野先生自己常說：「我並沒有想做的事，只是實行了必須做的事。」而且我想他一定是個喜歡「實行」，無法停下來的人。

讓我感到很不得了的是，無論去哪，去見誰，都不會受他人影響，中野先生仍然一直是原來的中野先生。他經常到海外各地去，卻絕不是語言能力強的人。面對在歐洲、亞洲身居要職的人們，他透過通譯人員不畏懼地以和平時同樣的態度應對，沒有日本企業人慣有的「等我們回去商量，過幾天再回覆」這回事。當場立即回答，工作也迅速推動，也可能因此而獲得外國人的信任吧。公司內部有紛爭時找他諮詢，也可馬上獲得解決。

他擁有無論是誰講些什麼都不為所動的「強大個體」，也是個能讓初次見面的對象為之傾倒的萬人迷。我感受到中野先生作為領導人的器度很大。

另一方面，我似乎也感覺到，他實際上是很細膩的，對對方的心情也有敏感的一面，當然他也有一些短處。

中野先生的經營判斷確實很耀眼，但對自身的健康管理卻差一點。他非常喜歡吃甜食，聽說，他曾經不管健康檢查的飲食控制要求，偷偷吃了六個紅豆麻糬而被醫生罵。之後他祕書便限制他「甜點一天最多只能吃一個」。他也有「吃吐司會留下吐司邊」像小孩子的一面。

我腦中浮現出笑著對我說：「我不太能被稱讚，不行的地方也要講喔！」的中野先生，故特意爆料一些。

寺田朋子（Terada tomoko）

TETE BRANDING股份有限公司代表。在巴黎的ESAG Penninghen專攻美術設計。畢業後歷經自由創作家、高級香水品牌SERGE LUTENS的美術設計。為了進資生堂總公司而回日本，擔任全球性品牌的美術總監。二〇一四年設立TETE BRANDING，在品牌策略、廣告、設計等領域拓展生意。二〇一五年起以設計總監的身分參與寺田倉庫的品牌重塑策略。二〇一六年九月擔任寺田倉庫執行董事至今。

第四章

順其自然地經營工作與人生

要拜託別人的話，就要完全信任、交辦

優秀的員工一早就接到我接二連三發出的指示，並完美地回應。

那也是理所當然的。

我很清楚他們的能力高，所以才拜託他們做。

比我自己做要快一百倍，故要仰仗眾人的力量。

但有時候下指令後過了大半天仍沒進展時也會生氣。

「將我的點子用簡單的關鍵字整理一下」這樣簡單的事，有時還要等很久。

但拜託、交辦的人是我，也只能忍耐，沒辦法。

相反的，有的我以為應該要花兩小時，結果才一小時就完成的話，我會很高興。

會好好的表達謝意。

可以就稱讚，不行就忍耐。

我認為，如果沒有貫徹這種態度的話，無論到何時都無法交待別人辦事。

如此一來，一個人要做很多工作，真正該做的事就無法做了。

如果要好好拿出成果，一定要學會如何交辦事情。

即使快一秒也要盡早決定，做決斷是社長的工作

課長有課長的職責，社長有社長的職責。
社長有責任決定公司的去向，
所以不能說「好好衡量一下」這種話。
我認為無法一直說「這樣做做看」、「那也做看看」的人無法稱作社長。
而且重要的是決斷力，還是迅速的決斷力。
為了讓在公司的員工能有充裕時間推動工作，
社長即使快一秒也要盡早做決定。
社長無論到何時都拖拖拉拉的不知方向，一直到最後才決定方針的話，

無論經過多久也很難動起來。

時間的損失也是浪費，也會因為作業的時間減少而導致工作品質下降。

而且在延遲下決定時，環境也一刻一刻地在改變。

精細度會越來越差。

我認為馬上決定是社長被要求的首要工作。

「報告、聯絡、商量」和企畫案都不用，要求的只有結果

我很早以前就覺得，被指示去做的工作很沒意思。

當社長後也堅持現場工作徹底委任現場的主針。

「報告、聯絡、商量」（日語簡稱為「報聯商」）全都不需要。

我完全不想聽這些，我會告訴員工：「就按你的想法做。」

也沒有必要為了要我的批准，還特地寫企畫案。

告訴我一聲，稍微聊一聊之後，

我說：「啊，不錯呀，做做看吧。」就完事了。

我只會說：「唯獨事務上的手續要跟管理部門商量喔。」

花心力在批公文很浪費。

為了展開工作的事前工作過於龐大而成了阻礙，真的只是浪費時間吧。

聽到這裡可能會覺得似乎太輕鬆了，但其實我對結果是很嚴厲的。

如何做是自由的，但如果做不出結果，

沒能達到期待值的話，薪水會越來越低，再繼續如此則會被開除。

一直要相互確認是否很好地承擔了與職位相應的責任。

工作是在彼此期待的關係下成立的。

我認為對於那些已經工作了好幾年卻什麼提案也提不出來的人，

即使在一起工作也沒有意義了。

數字要看金流，簡單的判斷

說起記憶力強，我對數字尤其強，
只要聽一次的數字，我大概都能記得。
公司的營業額、利潤的金額，
就連是幾年前的數字，我都還牢牢記在腦裡。
負責的人也很驚訝地問我：「為何還能記得如此清楚？」
我想應該是以「金流」來掌握吧。
雖然會計有很多巧妙的技術，
但整體金額是增是減，總額是騙不了人的。

而且總額的增減必定有其理由。
所以我在確認公司的經營狀況時會說：「把所有的銀行存摺拿來。」
然後將存摺的所有餘額加總，與半年前相比較，
以公司規模來看，三千萬左右的差額沒什麼大不了，
但假設原本有三十二億日圓卻減至二十億日圓，那就有什麼重要的原因了。
這樣看金流的話，就不會做出重大的錯誤判斷。

一死萬事轉頭空，公司和團隊生存下來才是眞理

我相信人，也對人有所期待，

但有關結果的評估，說不定意外的屬於不講情面的類型。

我和寺田倉庫的老闆一直有往來，在當寺田倉庫的顧問時，

我主動說「讓我做做看」，二〇一一年成為「毛遂自薦社長」。

一直到在那八年後卸任為止，

我做了徹底的改革與大規模的事業轉型。

我對無法接受此方針的人會說：「公司有很多，你最好找個適合自己的公司。」

勸他換工作。

我不認為當時的判斷是錯的，

無論是公司還是團隊，惟有能生存下來才能報恩。

正是所謂的，一死萬事轉頭空。

我眼看著過去工作過的公司，在我離開後逐漸勢微，

所以我很堅持「要讓公司生存下去」。

如何做才能生存下去？如何做才能成為人們期待的公司？

那是最優先考量。

若還要想：「不知道別人會怎麼看？」凡事看人臉色就太遲了。

培養下屬，別開玩笑了！只是拼命地往來而已

我在鈴屋時，如我所願地做了所有想做的事。

但一樣的是，不會說話、不守時、愛玩女人，以員工來說，可能算是五流的人才吧。

公司經營順利，眼看著組織越來越大，一不留神下屬也增加了。

我在公司的最後期間，約有二千數百多名下屬……。

然而重點是，我自己卻沒有「有下屬」的自覺，感覺好像是有許多上下不分的同事而已。

大概因為我認為自己是個很隨便的人，
所以無法說要培養人才，
對上毫不客氣的同時，對下也無法一付很了不起的樣子。
「培養下屬」對我而言根本是無法想像的，
我反而還希望下屬能培養我一下。
很高興能與遠遠比我優秀的下屬們一起工作，
我感覺為了讓自己能跟上他們的腳步，
只是拼命地持續與他們往來而已。

人生的航道是順其自然的

將生活據點移到台灣已經超過二十五年。

人情味重，有令人懷念的鄉村感覺的文化，和我的性格相符，

茫然地留在當地的企業工作，

就像一回過神來已經過了這麼長時間的感覺。

我之所以想在海外生活的契機是，

雖然我在正值成長期的鈴屋被任命當領導，

但十七年過去，總感覺已經沒有自己的棲身之所。

那時有各式各樣的邀約找我，還有在私下想探聽：「那件事現在進行得如何

了？」等接不完的電話，
這些讓我覺得麻煩也是事實。
不知不覺的，環境也朝自己不想走的方向改變，故決定抽身。

我一決定後行動就很快，隔天便去了機場。
買了一眼就看到的飛往新加坡的機票，並搭上了飛機。
為了在日本不留下任何經歷的痕跡，
我想人不在就是最好的。
那一刻我真的打算在新加坡生活，
很偶然的那班飛機在台灣轉機，在台北要停約一個半小時。
我想「這裡也不錯」，就那樣入境台北，還住了下來。
很乾脆地拋掉一切，下一個世界就不斷地開啟。

一有感覺就突擊拜訪，無論從哪開始，都可開出康莊大道

辭掉鈴屋的董事，

因為是偶然轉機時就在行經的台灣入境了，所以沒有任何的關係人脈。

工作當然是沒有，就連當天過夜的地方也還沒決定。

很多人不相信，但這是真的。

因為無事可做，索性到台北街頭漫無目的地晃一晃。

結果看到街角有棟很氣派的建築，走近一看上面寫著「台灣總統府」。

再往前走有棟日本風味的建築寫著「經濟部」。

「嗯，還有這樣的地方？」我一時興起就打算進去，結果被警衛攔下來。

「你有預約嗎？」

「沒有。因為好像很有趣，可以進去嗎？」

「今天不受理參觀申請。」

愈是這樣愈引發我的興趣。

就開始說些信口開河的話。

「我帶來了對台灣有幫助的工作，有沒有適當的人能讓我見一見呢？」

「沒有約定不行。」

「五分鐘就好。」

「跟你說了，不行就不行。」

「台灣政府的器量真是小呀！」

就那樣持續地胡攪蠻纏時，剛好有人經過。

正是我人生當中曾無數次出現的菩薩登場了。

拼命地活在順其自然的瞬間

我在台灣總統府的經濟部服務台胡攪蠻纏時，

有個女性用日語問我：「怎麼了？遇到什麼困難了嗎？」

不愧是親日派多的台灣人。

我說明來龍去脈後，她說：「這樣吧，我可以聽你說，但現在不行，請你一小時後再來，拜訪的單位是這裡。」

她邊說著就拿出名片遞給我，沒想到上面寫的頭銜是局長。

我心想：「那人是居高位的人，真是幸運呀！」

到外面喝茶後再次登門拜訪。

我被引導到一個房間，裡面坐的就是剛才的女性。
「我只給你十五分鐘。你在台灣能做什麼呢？請用英語說明。」
「欸！不是用日語嗎？」
「因為我不太聽得懂日語。」
哎呀！完蛋了。我的英語並不好。
我邊冒冷汗邊拼命地說之後，她說：「我知道了。」
「後續明天再談吧。你住在哪個飯店？」
「不是，我今天剛來，沒有訂飯店。」
「是這樣嗎？那我幫你訂好了。明天請到這裡。」
她帶我去的是中國生產力中心，台灣企業主的研修機構。
我之後被稱為「教授」，被委派負責為他們授課。

心血來潮下開始的事，卻招來意想不到的發展

沒有預約地做了簡報，之後成了「教授」。
到底我說了什麼，才會有這樣的結果呢？其實內容是這樣的。

台灣作為製造業的生產據點發展至今，
光是「好東西便宜賣」的話，只能跟在日本後面走。
西元一六〇〇年產業革命以後，
我們亞洲人一直被英美人任意使喚。
這樣持續下去，甘於做世界的下游工廠，這樣好嗎？

不是應該將更有價值的商品銷售到全球去嗎？
當時還處於網路開發的黎明期，
但我聽說美國的軍事情報已有這樣的徵兆，
也有預測指出，「直接營銷市場的時代一定會來臨」。

總之，說了那樣的大話後，話就越說越大，
突然間要我一天上四堂課，一週上五天。
我沒有所謂的課程，只是想到什麼就講什麼，
不知為何，很奇妙地大受歡迎。
回過神來學生已增加到五十人、一百人，教室也換成大教室了。
沒有任何決定就開始的事，卻招來意想不到的發展。
之後還有更意想不到的發展。

挑戰新事物，不行的話也沒辦法

順勢開始的課程，不知為何似乎大受好評，

每週都有台灣各企業派人來上課。

教室擴大後持續上了八、九週的課，

某天有個學生來找我說：「老師，你要不要來我的公司？」

那是台灣的財閥大集團，中國力霸集團。

我受邀進入經營管理層，成為力霸百貨部門的負責人。

之後又到遠東集團，這也是學生邀我的。

有優秀的祕書二十四小時輪班，無微不至的為我服務。

我根本沒打算要這樣，
不經意地成了集團核心，公司的COO（首席營運長），真的很驚訝！
雖說是百貨公司，我即使在伊勢丹也是子公司出身，
只經歷過事業的一小部分。
這讓我又要面臨挑戰新事物的局面。

雖然感覺變得很奇妙，但仍讓我一直留在台灣，
那是因為我喜歡台灣人的氣質和文化。
就像日本的東北和北九州的鄉村那樣，溫暖、舒緩的氣氛很棒。
象徵性的，他們會像口頭禪似的說：「沒有辦法。」
「做看看，不行也沒辦法，放棄後再接再厲」，就是這樣的乾脆。
不會奇怪地死纏爛打，我也喜歡這樣的價值觀。

職位不值得驕傲

我對出人頭地不怎麼感興趣，

也不知道為何，不知不覺的我做到了那麼高的職位。

但是，沒有任何員工會叫我「社長」。

無論頭銜如何改變，我一直都會說：「叫我中野喔。」

「我今天偶然地當了社長，但明天一辭職，說不定會當公園的清掃人員。」

事實上，公司的職位只不過是個位置，

用來承擔各種不同的責任範圍而已。

跟人格是完全無關的，因為是社長就要擺出高姿態是奇怪的。

假設社長是了不起的，世上不是有很多社長嗎？

根據統計，光日本國內就有超過四百萬家公司，
社長就有這麼多。
董事還有更多，大概超過一千萬人吧？
做到在世上到處都是的職位，根本沒什麼好驕傲的。
而且還頻繁換人、離職、輪替，
所以「嗯？中野先生現在是專務？還是常務？」這樣讓人操心也不好吧？
簡單的「加個桑（先生）」來稱呼是最好的。

如果是我，會這樣做；讓批判精神磨練工作

女裝品牌、海外開店、百貨公司、倉庫經營……

回顧一看，我總是與未曾經歷過的領域結緣。

但我不曾「因為沒做過而感到不安」。

那是因為從年輕時起，對於前輩和經營層所做的事，我總是帶著批判的目光，或許是因為我有思考「如果是我的話，會這樣做吧」的習慣。

工作之外的時間也一樣。

例如，同學會和朋友一起去的店，在開心聊天的同時我會東想西想如「這家店如果這樣做的話，生意一定會更興隆」等。

二十多歲任職的MAMMINA也是，我想我當時十分任性。
對前輩也一樣會很斬釘截鐵地說：「那不對呀！做法很奇怪。我是這樣想的。」
即使被罵說：「你呀，夠了，就按我說的做吧！」也完全不聽。
然後按照自己的方式去做，事後再報告就挨罵。
出席MAMMINA的OB會（退休員工的聚會）時，還被過去的女同事們嘲笑呢。
她們說：「中野君就像三歲小孩，明明是工作，還只專注做自己喜歡的事。」
我裝糊塗地說：「那算是我的優點嗎？」
結果又被罵說：「當然是缺點囉。」

重新思考目前擁有的資產，自然而然地找到了答案

寺田倉庫這家公司是替日本政府保管米的倉庫，創業於一九五〇年。

當時活用了受惠於水運的立地條件，一直穩定的經營，

但日本國內的物流從利用船改變成利用飛機、卡車等為主，

物流的種類和數量也有增加的趨勢，

光靠過去的模式已經很難經營。

我成為「毛遂自薦社長」接管事業時，

並沒有考慮太大的改革什麼的。

我當時的想法是，「若以嶄新的心情，創建新公司呢？」

現在的寺田倉庫在天王洲擁有的倉庫之占地面積，全部建築物總計約十萬平方公尺。

這若像平常當倉庫做生意，用物流的眼光來看時，根本無法贏過更大規模、立地利條件更好的競爭對手。

想提高所持有的資產價值，該如何做才好呢？

我重新思考後得出的結論是，公司資產並非「倉庫」。

寺田倉庫原本擁有的資產是不動產，也就是說，是場所，是空間。

那麼自然而然地找到了答案。

提高價值的想法孕育出改革

將過去的實績和現在能看到的一切都捨棄，戴上透明的眼鏡，站在現場。
然後慢慢仔細地思考，真正能讓這個地方存續下去的方法為何？
我想到容易往來機場的便利交通以及廣大的空間等等。
價值最高的賺錢方法為何？
引導出來的答案是「以亞洲富裕層為對象的保存管理事業」。
並非只是保管貨物，而是保管洋酒、藝術品等，
依保管環境的不同，價值也容易改變，
建一個能讓顧客安心託付他想珍貴保存的東西的倉庫。

對於政情不安、國家較多的亞洲圈富裕階層而言，確立了安全品牌的日本，加上能在離機場近的地方有個能寄存珍貴物品的據點，應該會是需求相當高的服務。

另外，也開始推出任何人都能輕鬆地以箱為單位擁有自己的倉庫之雲端倉儲minikura（迷你倉庫）。

附加價值提高的話，每坪能賺的錢也提高。

假設每坪一個月多賺五千日圓，十萬平方公尺一個月就能賺一．五億日圓，一年則可提升十八億日圓。

提高價值的想法讓各式各樣的改革應運而生。

洗耳恭聽，聆聽現場的聲音

我當社長後做的事被說成「嶄新的改革」，
還經常被問道：「您是如何培養這種思維能力的？」
我並沒有做什麼特別的事，也不是個很有才能的改革者。
若要說做過的事，只是站在那裡，
發呆度過好幾個小時，傾聽那裡的聲音。
是誰的聲音呢？是這個地方訴說的聲音。
感覺到：「啊，這個地方，我想應該這樣去活用。」
別人說的似是而非的建言以及數據都只是多餘的雜音，

別聽比較好。

但是，要慢慢仔細聆聽現場的聲音。

為此，我認為日常生活中還是必須留白。

若慌慌張張，沒有空閒的話，就無法聽到真正重要的聲音。

二十三年前接手經營天王洲的餐廳「T.Y.HARBOR」時也一樣，

從原本的法國料理，再大大改變了餐廳氣氛。

利用原有的釀酒廠改裝成開放的空間，

很開心現在已變成了日夜都有大批客人湧進，很難預約到的餐廳。

從開幕第二年起，想起我當上社長的六年，簡直像做夢一樣。

這也是之後負責經營該餐廳，現在TYSONS & COMPANY的社長寺田心平的感性及努力吧。

捨棄執著，給予對方想要的東西

常聽說在日本成功的店想拓展海外市場往往不太順利。
我在亞洲、歐洲、美國等各國都做過商店的工作，但並沒有非常辛苦的回憶。
最重要的是，要捨棄執著。
最好不要先入為主地有了「想開這樣的店」的刻版印象後再去挑戰開店。
要好好觀察當地的氛圍，問問：「有沒有什麼法規限制？」
重新思考符合對方的文化和法規的東西。
不是只想著仿照已經有的既成品，
而是以開全新不同的店一般的心情去挑戰會比較好。

不是開展全球連鎖經營，而是打造新品牌。
因為拿出對方不想要的東西也是沒用的吧。
若沒融入那個國家、那個地區的文化便生存不下去。
要讓在當地生活的人們認為這是當地的店。

其結果只要對日本有幫助就好。
並非堅持以「走日本風」的戰略往前衝，
而是要像水從高處往低處流一樣，
擁有可以變換成任何形狀的柔軟度，我想這不就是祕訣嗎？

只要開口問總有人教你，將現有的組合起來即可

我在台灣也做了各種工作。

也曾被交辦「建水族館」這種從未經歷過的領域之工作。

與其說被交辦，其實是自己突發其想的點子。

我提案說：「在大樓下面建個水族館如何呢？」

提案被接受是好事，但我並沒做過，又是只能從零開始。

用我擅長的突擊拜訪方式去了池袋的陽光水族館（Sun Shine Aquarium）等有名的地方，去問：「怎樣才能建水族館呢？」

結果對方正式地幫我介紹了設計的專家、進而介紹了因應水族館專用水壓的塑膠

開發專家、水質管理專家等，就像串念珠一樣，接二連三地與專家們聯繫上了。

這是理所當然的，只要開口問就有人會教你。

有不懂請教別人就好。

已經有人用過的技術也沒關係，幾項技術組合起來就變成新的技術也是常有的事。

學到既有的技術後，再想想看：「該怎麼做才能稍有不同呢？」就好了。

一直想的話，某天靈感就會突然浮現喲！

關於中野先生

人生中對我影響最大的一位前輩

中野敢太
NOBODY聯合公司代表社員

我與父親的關係與其說是親子，更應該說是「人生中對我影響最大的一位前輩」。這樣的說法並沒有違和感。

我小時候，約將近三十年前，大概是父親最忙的時期吧，父親每個月只回家一次或兩次。偶爾難得回個家，就開始和小孩談政治經濟發生了什麼事等，沒完沒了、喋喋不休地說些「世間的道理」。但那並不會無趣，「欸？還很有趣呢！」可以一直聽下去。

有「投資家眼光」的經營者

也曾經歷了幾乎不見面的時期，我長大成人後反而變得經常密切見面。

二〇一〇年我到寺田倉庫工作了兩年半後，為了學習金融商業又到銀行工作了兩年左右，之後又到菲律賓、加拿大、澳洲留學，學習約一年的語言。回國後我到創投公司幫忙，並自己創業開始經營提高食糧自給率的生意，當時被邀約說，「寺田倉庫也要做幾項有關食物的企畫」，故再度回到寺田倉庫。

然而一旦進公司，還不到一週，原本說的三個企畫案中有兩個消失了（笑）。父親毫不猶豫地說：「因為不划算還是放棄了。」止損鮮明、不會窮追不捨的這點上，可以感覺到他是擁有「投資家眼光」的經營者。

他可以用與決定開始做時幾乎一樣的堅強意志決定「不做」。我想是父親一直執著於徹底追求速度，所達到的成果之震憾力使外界認為寺田倉庫在這十年間改變了。短期間能讓大家認同「改變了」，應該是需要相應的變化。

父親隨時都堅持「改變」。我聽說父親至今被日本國內外的幾個企業委託經營時，答應接工作的條件一直是「全權委託」，且說「經營者被寄予期待的是改變，什麼都無法改變就沒有換人做的意義了。」確實也是如此。

貫徹「SIMPLE IS BEST（簡單就是最好的）」的人

若以一句話來表現中野善壽這個經營者，那就是貫徹「SIMPLE IS BEST（簡單就是最好的）」的人。無論是好是壞，我是這麼認為。

從好的一面來講，他能看清無論何時都能回到原點，應該優先的取捨選擇。本來應該朝向唯一的目標，但經過再三的討論，加了一大堆選項，使事情複雜化。這是經商時經常容易發生的狀況，父親會毫不猶豫地讓事情回歸「簡單」，他很擅長將本質以外的雜項削除。

反過來說，我認為在複雜的狀態下決定事情是很難的吧？他需要有解讀錯綜複雜的龐大資訊，決定出簡單的選項並非一人所能為的自覺。有關這部分，我在一旁看也深知，他在周邊安排了優秀的工作人員，整理資訊、提高決定力，提高團隊的機動力。父親喜歡用「適才適所」這句話，我想也是針對他自己。

總之，父親絕對不是「什麼都行的人」。從某種意義來說，他是能很清楚地承認自己的弱點，專注在「使能做的事最大化」上，其結果是「簡單地相信自己的直覺來做決定」這樣的生活方式，也成為他獨自的武器吧。

只是，從我的角度看來，有時也會想「事先再稍微深思熟慮一下，稍微留意一

下是否過度重視速度以及權衡利弊會更好吧？」這是作為家人說的話。（笑）

死前十秒覺得幸福就好

作為父親，他從未對我指手畫腳的。二十多歲決定創業時也一樣，父親推我一把的說：「如果是為了自己成長的挑戰就去做。」

人生是德業的累積，生意大半是業。但人生即使有四九%是業，若有五一%是德的話就贏了。

父親總是掛在嘴邊說：「死前十秒覺得幸福的話就好。」在我聽來就像「無論失敗幾次都沒關係，最後能笑的話，就贏了吧？」的鼓勵的話。

中野敢太

一九八七年生。二〇一〇年進寺田倉庫，經歷過經營法人公司。二〇一二年起在都市銀行工作兩年後去海外留學。回日本後對於創投公司的支援及創業感興趣，決定再次進到當時正投注心力在這方面的寺田倉庫工作，擔任政策祕書，負責中野直轄部門的項目。二〇一九年擔任事業開發擔當執行董事。二〇二〇年離職，在兼任創投公司的CSO（策略長）、CFO（財務長）的同時，將精力投注在自身事業的成長上。

第五章

享受當下

對自己立誓是每天早晨絕不可少的

從早晨起就過著急躁生活的我，
無論是在哪裡，出門前有個絕對不可少的習慣，那就是禱告。
雖說是禱告，也只是雙手合十，輕聲地對自己發誓而已。
一定會說以下這三句話，
先說自己的姓名和地址，再說：「今天也好好加油！」
「已擁有到明天為止的食物，會盡全力努力使資源再增加。」
最後是「遵從引導」。
竭盡全力，不違背趨勢。這就是我簡單的信條。
之所以對自己立誓，是受到自我啟發相關書籍的影響。

從二十五歲左右起，已持續做了超過五十年。

雖然是很單純的事，但實際感受到「對自己禱告、立誓很好」，故一直持續在做。

事情怎麼做都做不順時，其實是輸給自己的時候。

為了不輸給自己，每天立誓、端正心態是很重要的。

因此，即使快遲到了，也絕對不會省去對自己立誓這件事。

回到家說：「我回家了」之後，

也一定會雙手合十的說：「今天謝謝了，明天也繼續加油。」

人生的樂趣會變，品味每個年代不同的樂趣

集中在今天一天去享受人生。
我認為人可以做的事就是盡情享受人生。

我活到七十五歲，驀然回首時發現，
二十多歲、三十多歲、四十多歲，每個時期的樂趣都在改變。
二十多歲時光妄想著跟女孩約會。
三十多歲時生小孩之後，育兒讓我很快樂，
養育小孩很好玩，讓我很感興趣，

我會認真的跟小孩玩，玩到他哭為止。
從小就讓他們戴著防護具，盡情地扔乒乓球。
兒子們也很可憐，還抱怨說：「都是因為你，讓我變得討厭棒球。」

工作變得有趣是從四十多歲開始。
與其說從早到晚都在想工作的事，從工作中找到樂趣，
還不如說工作本身變得有趣了。
無論哪個時期都有不同的充實，
只享受眼前發生的事。
所以幾乎沒有「那時如果再這樣做的話就好」的遺憾。
我認為這樣子就很好。

人生是終點衝線帶的連續，我希望在死的前十秒能感到「人生很快樂」

對我而言，何謂「人生的成功」？

想想看，我好像一開始就沒有什麼人生中想達成的目標。

年輕時順其自然，一會這一會那的，一頭栽進根本連想都沒想過的世界。

但是，受到每個時間點所邂逅的人們的幫助而盡情地樂在工作。

慶幸能一直過著得天獨厚的人生，一直到現在。

這並非一己之力所做到的，而是託許多人的福。

所以「終點」必須自己決定。

去年我決定將寺田倉庫社長的職務，交棒給在孩提時就一直叫他航平的創業家第三代——寺田航平。

看到他的臉時感覺到：「他已經長那麼大了，而且回過神來，他在外面也是經營者，做著非常棒的工作，也許他才有實力。」

在公司的事業轉換也大致結束之際，

我心想：「我任性地不請自來，引退的時間也應該由自己決定。」

人生若比喻成永不停歇的賽跑，

在撞斷終點衝線帶的瞬間，就可享受到最棒的感覺。

那一瞬間可以有好多次，那也是完全由自己決定的。

那種爽快的感動可以品嚐無數次。

死的前十秒，如果能覺得「我的人生，無論哪一條跑道都是最棒的」，就很幸福了。

所有的行爲都有因果報應，要有責任、覺悟和希望

弘法大師空海的思想是流傳後世的珍貴教誨之一，也讓我深有同感。感觸特別深的是「因果報應」。

自己做過的事將原封不動的報應回來，無論是好是壞，全都是自己的行為所致。要有責任、覺悟和希望，這是我很喜歡的話。

有關空海的思想，我想更深入的學習，因此正在籌劃以空海為主題的研討會。今後應該是從亞洲傳播的東方思想牽動世界的時代。

我個人喜歡的是空海，
但只要能支撐自己的行動之思想，任何一個都好。
凡事都不要想得太難，聽各種不同人的話，
從有「啊，好像懂了」、「和自己一直以來的感受相同」等共鳴開始，不就好了嗎？
自我價值觀憑己力去整理是很辛苦，
已經是思想家的前人有很多，
我想若能找到一個思想共鳴的人就行。

不要給自然增添負擔，以原本應有的面貌告終

在「T.Y.HARBOR」用餐時，點的菜都是一樣的。

這是我專屬的任性菜點，

有機栽培的蔬菜沙拉和湯，非常簡單。

我腸胃不太好，晚上應酬又多，所以午餐大概就這麼多。

我不太喜歡從很遠的國家特地進口的肉品以及不符時節的水果。

食物是大自然的恩惠，

特意給自然增添負擔，只為了做人類的食物，

總覺得這不是原本應有的面貌。
蔬菜、米、魚、肉都一樣，
都只用在自己住處方圓四公里以內栽培、養殖的即可，不是很自然嗎？

我一直點的沙拉所用的蔬菜，是從外國移居到日本的朋友種的江戶蔬菜。
形狀不一，依季節不同種類也形形色色，
但我感覺配合這種不平均，對身體也比較好。
可以感知季節的變化，
夏天採的瓜含有夏天所需的礦物質，
營養方面也很好。
東方飲食思想中所謂的「醫食同源」，我深有同感。

爲了讓未來變得更好而花時間

某天祕書問我：「A先生要離職，想跟您道別，您有多少時間呢？」

A先生是六十九歲的董事職等員工，是對公司有功勞的人，我們有很長久的交情。

我回答說：「十分鐘就好。」

祕書也習慣了，就回答說：「好的，遵命。」

如果跟別人講此事，一定很驚訝地問：「怎麼就那麼短？」

但我個人不覺得短。

正因為是長久的交情，必要的話已聊夠了，

我說很多對他的將來也沒有任何幫助吧。

我只簡單的跟他說辛苦了，握個手就將A先生送走了。

如果他是二十多歲的年輕人，我的回答則會改變。

要留個至少三十分鐘或一個小時，會送他餞別的話語吧。

為何如此？對於未來有望的年輕人，我會傳授一些對將來有用的事。

我願意為了讓未來變得更好而花時間。

不用急，和朋友玩的日子會再來的

三十歲，熱心工作的年輕人向我訴說他的煩惱。

「工作雖然很充實，但很難空出時間和學生時代的朋友見面……因為不常往來，擔心是否會就此逐漸疏遠，感到很寂寞。」

我笑著說：「不用擔心呀！」

和兒時的朋友重逢是在年紀大了之後，現在的我正是如此，同年代的朋友大多退休，時間很多，經常約好要聚會。我也時常露個臉，大概三十分鐘到一個小時左右就說：「那麼我先走了。」然後離開。

留太久的話就會一直重提往事，與我的性格不合。

老朋友們也熟知我那樣的性格，因此會揮揮手說：「再見。」

許多同學會我每年都會出席一次，這也是近幾年來必做的事。

年輕時盡全力專注在事業、家庭是理所當然的。

大家都一樣，誰也不會說：「那傢伙，真薄情。」

即使一時跟大家疏遠，

只要認為那是因為「彼此沒有需求而已」即可，而且是有期限的。

我認為只要耐心等待重逢就好。

持續與不同行業、有朝氣的同世代人交流

極力避免只與公司內部的人交往的我，

從年輕時起便很重視與不同行業工作的同世代夥伴邂逅。

好像是在二十七、二十八歲左右，我開始了名為「阿波羅會」的讀書會。

每個月一次在當時位於赤坂的「YOSHIHASHI」燒肉店聚會，互相交換資訊。

會費好像是五千日圓。

規定「即使只遲到五分鐘，下次就不再邀請參加」，

所以這個時間我一定會牢牢地遵守。

我是發起人，當時聚會的成員有，

日後成為大藏省（現在的財務省）造幣局長、證券公司第二代老闆、地方的百貨公司第二代老闆、大租賃公司副社長等，傑出的陣容。會費的一部分會存起來，每年去一次海外旅行。

有一次去中亞旅行時，隨行擔任阿拉伯語翻譯的女性現在也成為相當活躍的領導人物。

不久前，我們時隔多年再度重逢，她嘲笑說：「我以為見到鬼了！」

跳脫公司的框架，與各種不同行業、有朝氣的同世代交流是很棒的。

讀書會前前後後持續了二十年左右。

對了，其中的會員之一就是寺田保信（現在寺田倉庫的社長寺田航平的父親）。

我之後成為寺田倉庫的社長，能與理解我的他相識，也是因為這樣的因緣際會。

漫不經心路過的地方，有能改變人生的邂逅

我在寺田倉庫工作的緣份要回溯到四十六年前與寺田保信的邂逅。

我邀請他參加我主持的讀書會，成為兩人結識的契機。

為何會結識呢？是我在隨意地散步時，很偶然的，他正好在那裡。

那是我朋友去考船舶駕照時的事，

朋友告訴我：「坐在我旁邊的男生是個很有趣的人。他家好像是經營寺田倉庫的。」讓我留下了印象。

當我開公司的車經過東品川的灣岸時，

不經意地看到寫著「寺田倉庫」的建築物。

「就是這裡呀，正巧，去看看吧。」於是叫司機右轉進去寺田倉庫。下了車正要走到入口處時，有個人站在那裡，我便問：「請問寺田保信先生在嗎？」

他回答：「我就是。」

那是第一次見面。突然間能見到本人真是幸運。

我說：「我聽朋友說起對你的評價，所以順道來到這裡。因為機會難得，可以讓我到倉庫裡參觀一下嗎？」

我也許是個奇怪的人，而他也是個怪人，很乾脆地就讓我進去了。

他帶我參觀，我還說了很失禮的話：「很髒亂呀！」

之後兩人臭味相投，成了好朋友。

他和我在不同的地方有很強烈的執著，

他認為可以信得過的對象則會全權委託，是個氣度很大的人。

一晃眼，他已成為像哥哥一樣的人了。

錢的用途由自己的心決定

我說過，我不太用錢。

被問說：「那麼是存起來嗎？」答案是「NO」。

一直以來我就是個不存錢主義者。

留下自己一個人生活所需的最低限度的現金，

其他的只用在捐款和買藝術品。

累積財富，等到我死後只是徒增爭端而已。

我在四十多年前，二十七歲左右起就開始捐款。

剛開始是捐給提供東南亞小朋友教育機會的團體。

當時微薄的薪水中，每個月拿出約三分之一左右，算是很大的開銷。

只要捨棄「為自己花錢」的想法，為他人所用的選項就會增加。
對我而言，用在他人身上的感覺比較好。

買藝術品並非當成資產來收藏，
而是為了支援年輕的藝術家。
我會隨機地去到學生的展覽會上，問：「這個如果要賣，想賣多少錢呢？」
曾經聽作者說出他所希望的金額後，我便說：「我花十倍買下吧。」把他嚇了一大跳。

我不想花錢花在別人拿給我的「必需品」上，
而是花在自己內心覺得「有價值」的東西上。
就是這樣的感覺。

不會被固定的評價所吸引，想買有靈魂的作品

我對於藝術完全是個素人，
但非常愛買自己喜歡的藝術品。
不是已經獲得評價的作者之作品，
而是會被將出道的藝術家幼苗或學生的創作所吸引。
進一步來說，不管是有名還是無名，有靈魂的作品才是最重要的。
所謂的靈魂，換言之是指「全神貫注」。
一筆一筆的，可看出不同於常人的聚精會神的精心畫作，
我就會想拿到手。

草間彌生的圓點畫作能如此吸引全世界的人，
是因為作品裡有超越言語的靈魂吧。
雖然我喜歡藝術，但我不會花大錢去買。
我的收藏通常在一百萬日圓以下，
更簡單的說就是「弄髒也沒關係」。
也常當成日用品的擺飾來購買。
讓藝術變成更可以在日常生活中享受的生活文化，也是我今後想做的事之一。

不留下有形的東西。無形的東西能留下多少呢？

月薪十萬日圓的時候，我每個月捐款二、三萬日圓，
所以根本沒有餘力為自己存錢。
現在我也持續捐款，捐款的對象各式各樣，
但最多是支持泰國北部、亞洲地區不幸的小孩們。
平時花最多的錢是機票錢，其次是服裝費，
因為每到一個地方就會買衣服。
即使再長壽也只剩下二十年或二十五年可活。
手頭僅留著「即使今天倒下，也不會給周邊增添麻煩」的現金。

其他的我想全部捐掉。

現在一點一點地整理資產，想要簡單點。

我幾乎沒有準備要給兒子們留下的資產。

不留下有形的東西比較能讓兄弟和睦相處吧。

真正留下的是「無形的想法」。

例如，罵小孩時不是只是叱責，而是要好好地告訴他，為何會這樣罵他。

對屬下也一樣。

為何會講得如此嚴厲，要將想法也一起告知，否則他不會記得。

無形的東西能留下多少呢？

那一定就是所謂的「人」的力量。

零計畫的旅行，偶然的邂逅是最棒的導遊

我至今走訪過的國家和地區約有一百三十個，私下也喜歡去海外旅遊。

總感覺，去自己不知道的土地，接觸未知的文化，能讓心靈自由。

我鼓勵年輕人去旅行。

若要舉例介紹一個我單獨旅行的作風，那就是「完全沒有計畫」。

讀到此的讀者可能會有所認同吧。

我連旅行也喜歡沒有任何計畫。

總之，下了飛機就到街上，看到感覺不錯的咖啡廳就進去。

進了店裡就問：「您知道這附近有沒有不錯的餐廳？」

被問說：「要貴的餐廳嗎？」

「太貴的不行，普通好吃且氣氛好的餐廳比較好。」

我告知我的想法後，他們大多都會介紹餐廳給我。

到餐廳後，若覺得喜歡那家餐廳就進去，

再問：「請問這附近您最推薦的飯店是哪家？」

在提供有品味的料理及室內設計的餐廳工作的人，大概都知道哪家是好飯店吧。

告訴我飯店名後，我會給一點小費拜託說：「就訂這家了。我今晚要住這，不好意思，可以幫我預約嗎？」

隔天的午餐也是如此，漫無計畫、不期而遇的旅行才好玩。

被故鄉束縛也不過是個幻想

日本人很難捨棄的東西之一是「故鄉」。

自己生長的土地以及在那建立的地緣關係。

有不少人為了「繼承家業」，為了繼承土地和房子的壓力而煩惱吧。

我認為沒有必要被束縛。

本來「落地生根」的想法是怎麼來的呢？

解析歷史便知，那只是當時當政者實施的政策。

例如，江戶時代德川幕府的土地政策。

為了維持各地的生產力，防止外來人口流入而分配土地，在寺廟等地設立地區分處的功能。

個人開始對土地執著的契機，說不定在當時只是人的管理和生產管理的一環。

不會覺得「原來是這樣」嗎？

當然也有執著於土地而收獲的東西，

但或許，失去的東西也很大。

例如，不被土地所束縛的話，無論到海外還是去哪裡都可以隨時出發。

雖然像傳統工藝般精緻的製造業是必須繼承的，

但那也應該不是「非那塊土地不可」。

沒有不能捨棄的東西，

建議用這種心情去懷疑一下所有的「理所當然」。

捨棄現在所在的地方，隨時都可以從零開始

不拘泥於居住的土地，就連選擇移居地也都是順其自然決定的。

回溯到形成這種價值觀的源頭，

我想應該是小時候不停搬家的經驗，對我影響很大。

一九四四年出生的我，因為家庭的緣故，從小被祖父母扶養長大，

雖然本籍在東京，但是在青森縣八戶市鮫町出生。

小學時曾一度轉學，中學時再回到青森，

當時完全聽不懂同學的津輕方言。

我還記得當時我感覺變成孤單一人似的，感到無依無靠。

之後到千葉上大學，又是個大移動。
在東京工作之後，又是香港、紐約、巴黎。
不知是不是因為在世界的許多都市都有過工作經驗，
所以對於去前所未聞的土地這件事，我完全沒有任何抗拒感。
也完全沒有要在一個地方，建立固定的人際關係，類似町內會（社區管理委員會）式的想法。
也可說是「蒙古遊牧民族」式的生活方式。
反正要做新的事情，比起在現在的地方做，還不如在新的地方開始。
因為在現在的地方開始的話，不是會受到過去做過的事所影響嗎？
隨時都可以從零出發，
我想，若能相信隨時從零出發會有更好結果的話，
無論去哪兒都可以。

想一直工作到死，是爲了保持自己

我並非想當個只會工作的人，
但不工作的話，每天會很無聊吧？
我原本就是個吊兒郎當、不正經的人，
如果不工作、不參與社會的話，很有可能會進獨居牢房。
這是開玩笑的。
為了好好保持自己，為了每天都過得很開心，我想一直工作到死。
而且不工作的話，只能靠他人生活，
不是靠家人，就是要靠國家照顧，我不想給別人添麻煩。

我認為即使活到八十歲或九十歲，
只要身體還能動，也有心的話，誰都應該工作，即使很微薄也沒關係，應該要繳稅。
若打算一直工作下去的話，也不會有「年金還差多少」的擔心。
應該將年金想成是獎勵程度的額外收入才行。
但也沒必要努力賺很多錢，
從自己能做的工作開始即可。
健康的高齡者若能去做打掃公園的工作，
做這些清潔工作的年輕人就可以開始去做其他工作吧。
能做出這樣小貢獻的老人很帥，我也想成為那樣的銀髮族。

我寄望今後的時代，朝「文化信賴」的未來邁進

我無法預測未來。

但是我有著「希望未來能成為那樣」的期盼。

那就是不受國界束縛，用文化結合的世界。

我喜歡歷史、地理，也經常讀書，

世界地圖上畫的國界位置，隨著時代的變化而起了很大的改變。

進一步回溯到過去，曾有連國界的概念都沒有的時代。

那麼人與人是如何連結，如何使社會發展的呢？

我想應該是「文化的共有」。

並非國家、宗教這樣的屬性，而是靠個人的信賴串連起來的。
應對自然的奇妙與變化之同時，共有相同文化的社會。
「中國人是這樣，義大利人是這樣」，這種用屬性來定調一切是很荒謬的。
有著與世界人口相同數量的多樣性，能成為夥伴的組合也是無限的。
朝著「相信個人的可能性」的時代邁進。
網路、區塊鏈亦然，
確認個人信用的技術已快追上時代，
因此我抱著希望。
我自身若能成為接近那樣的時代的小蠟燭的火苗，那就很開心了。
希望那微小的火苗到了孫子、曾孫的時代，能成為大大的火焰。
期許自己能成為希望的火種。

關於中野先生

曾懷疑「真的有這一號人物嗎？」

脇山亞希子
寺田倉庫公關

總之，從第一印象起就被嚇破膽。

在外資企業和廣告公司累積公關經驗後，為了尋求更具有挑戰性的職場，四年前我去應徵寺田倉庫，接受了面試。

最後一次面試時，瀟灑現身的是看起來比實際年齡年輕許多的社長。當時的寺田倉庫幾乎沒有對外宣傳，主導改革的中野先生也個充滿謎團的神祕人物，我甚至曾經懷疑，「真的有這一號人物嗎？」

話說回來，那次面試幾乎沒問我幾個問題，而是從「我在台灣做過這樣的事……」開始聊，最後話題發展到將天王洲改造成藝術之都的宏大理想。我覺得不可思議地想：「最終面試的合格標準到底是什麼？」錄取後我問人事合格的理由，結果理由是「目不轉眼地盯著對方的眼睛，傾聽對方說話」。

現在回想起來，覺得那真像是中野先生會想出來的特殊測試（笑）。

只要有「意志和覺悟」，他是個會相信你，並推你一把的人

進公司後，覺得最先該做的是，擴大寺田倉庫的認知度，發出具戰略性的新聞稿，以取得媒體採訪的機會。憑藉著中野先生充滿活力的開發手腕而逐漸改變的倉庫空間和天王洲的街道，連我這個新人看來都覺得十分有魅力。

但是有一道難以突破的關卡，不是別的，就是中野先生。他非常消極地表示：「我不喜歡自誇。最小限度地發新聞稿不好嗎？」

這樣下去根本做不好工作，我下定決心地說：「我一定會拿出成果，請讓我試試看。」很意外的是，他馬上全權委託我。結果媒體曝光的次數有了飛躍性的成長，之後每次一有新方案都會發新聞稿，這也成了公司內部的慣例。

這件事讓我學到，其實中野先生並不是個頭腦頑固的經營者，對於員工的想法

和挑戰，只要有「意志和覺悟」，他是個會推你一把的人。

若和別人做一樣的事，只能得到和別人一樣的結果

反之，也有過中野先生提出的嶄新PR策略，讓我茅塞頓開的經驗。那是象徵藝術之都，天王洲的新景點「PIGMENT TOKYO」畫材專賣店二〇一五年開幕時的事。中野先生指示開幕典禮只邀請海外媒體，而且條件是「費用全由我們出。要盛情款待，讓他們在天王洲逗留時留下深刻的印象，至於是否刊載報導，也不要強制要求」。

我立即對中野先生提出「應該是這樣才對之說」：「一般的媒體採訪旅行都是以刊載報導為前提條件，才由主辦單位負擔費用吧？」

但他反駁說：「為何要用一般的做法來說事呢？若和別人做一樣的事，只能得到和別人一樣的結果。那就不好玩吧？」

我們以「出機票、住宿費、旅費、自由刊載」的好條件，發出了二十八家海外媒體的邀請函。儘管離開幕僅剩不到三週時間，沒想到著名的十二家媒體都表示要參加。

他們逗留期間，我們不光介紹新設施，在飯店內還放了東京都觀光景點介紹圖、抹茶甜點、公關的感謝訊息，最後一天讓他們體驗別有風情的屋形船（房子外形的日本傳統遊船），徹底做到盛情款待。

看到他們前往羽田機場很滿足地揮手的背影時，我還很不安地想著：「這種做法真的好嗎？」結果根本是杞人憂天。每家媒體都做了很棒的報導，向全世界傳播了開店的訊息。這也點燃了宣傳的熱火，許多海外媒體，還有日本國內媒體都蜂湧而來要求採訪。

可謂是「中野流．逆輸入型宣傳策略」。雖然是前所未聞的宣傳法，但不要求媒體一定要報導，而取得重大的成果是不容置疑的。讓我感嘆中野先生在這方面的感性真的很巧妙！

有種讓人想回應他的期待之吸引力

當時中野先生不停地提出嶄新的點子，為了具體實現這些點子，工作人員每天不停地奔走忙碌，這絕對不輕鬆。

中野先生是想到的事就要馬上實行，不指示下去就不行的性格。從早晨到深夜，無論是正月與家人正喝著屠蘇酒，與朋友正快樂地烤肉，他都毫不客氣地打電話過來，主管們三百六十五天、二十四小時，工作用的手機都不離身。

大家雖然在背後說：「真是頭痛的社長呀，饒了我吧！」但也不知為何，還有點感到驕傲。理由是，中野先生平時經常掛在嘴邊說：「我呢，只交待工作給『能幹』的人。」大家因為有這有句有魔力的話才能堅持下來。

我想中野先生有種「讓人想回應他的期待之吸引力」。

話雖如此，有時也會無法回應中野先生的期待，最後沒有成果。那時中野先生會說：「了解，那也是沒辦法的，再接再厲。」很果決地捨棄過去，瞬時便將目光轉向未來。

「既然相信並交辦事情，所有責任都在自己」，這是中野先生的商業信條。我認為是非常清高的。無法回應他的期待的員工，因為他這樣的態度而感到安慰，並有了「下次一定要做好」的堅強意志，工作也就愈來愈努力。

他是個真正擅長於打動人心的人。

果決地捨棄「應該這樣」的執著

這樣的中野先生過著根本看不出是七十五歲人的充滿能量的生活。他一年幾乎都在海外度過，凡事速戰速決，很會用數位產品，所以不會感到有距離，我們的業務也都能順利進行。

而且，他在天王洲的辦公室時，喜歡用站立式辦公桌，一整天都用站的。他的理由是：「與穩穩坐著的人相比，和站的人比較能輕鬆交談吧？」我認為效果確實很大。公司內部不論職等、雇用形態都以「桑」（先生）相稱為原則，一整天都有員工絡繹不絕地「中野桑、中野桑」的找他諮詢。即便如此，社長站著工作，其他人都坐著的公司是不是非常稀奇呢？

那樣平等的姿態在他從社長退下後也沒有改變。前些天，有個員工為私事煩惱，他向在電梯內偶遇的中野先生諮詢後，中野先生透過祕書隨即安排了午餐，讓他很高興。之後聽說，中野先生為此還將與某企業高管的約定改期。

現在，專注在此一瞬間。隨著感性任意而行，凡事都很自由。果決地捨棄「應該這樣」的執著。重複著如此的生活方式，就是中野先生的人生。

不修飾、直接、簡單

說起「捨棄」，來講講這本書問世的過程吧。

至今有數都數不清的人說想出中野先生的書，每次都是拒絕。理由很單純，中野先生完全不感興趣。送來的企畫案都是將焦點放在他的經營改革上，對於不喜歡談自己的實績，也不喜歡過於顯眼的中野先生而言，優先順位很低。

後來，拿到DISCOVER 21的林拓馬先生送來的企畫案，我轉達「有人要求出版」時，中野先生的反應很容易想像。

和往常一樣，一秒後立即回答說：「不要。」唯獨這次，我再推了一把說：「是吧，但是這次的書名還不錯喔。」「是嗎？哪個？」

不如全部捨棄

當中野先生看到用很大的字體打的書名的瞬間，他的表情柔和了，還開始笑了。看似很喜歡這個單純的詞句。而且當他看完三十歲的年輕編輯充滿熱情的文章中寫著「想出一本不是講商業訣竅，而是談一個人的人生態度」後，便當機立斷地說：「好哦，就做吧！」為了尊重他本人「不擅長自己寫自己的事」的意思，執筆是用聽寫的方式，藉由採訪問到的話用字面呈現後，正是我們日常接觸的中野生先的樣貌。

不修飾、直接、簡單。很合適作為中野先生的處女作，身為屬下的一員也感到很開心。

脇山亞希子（Wakiyama akiko）

武藏野音樂大學畢業後，到義大利留學學音樂。回國後在全球第三的外資郵輪公司「Cruise Operator」工作，累積鑽研了銷售、市場調查、宣傳。十年來致力於在亞洲圈提高郵輪的認知度。三十五歲時轉行到KDDI集團的廣告公司上班，兼任海外戰略部市場調查小組及公關部門的主管。二〇一五年進寺田倉庫擔任戰略公關負責人。二〇一七年八月擔任執行董事，二〇一八年六月任公益社團法人日本公共關係協會理事至今。

某種力量讓我存活並引導我，將自己託付予時代的潮流。
因而與許多人邂逅、結緣，
一切都很快樂且充實。

再一次說，人生是快樂的。
錢雖是必須的，
但更必須的是花錢時抱持著怎樣的想法和心情。
沒有什麼「正確答案」。
為什麼呢？因為事實的百萬分之一，我都還沒理解。

不要執著於大腦中的正確答案，我想持續追求感性的確實性。

向所有的人事物致謝，
今後我也會享受人生，
沉迷在每一瞬間地度過每一天。
這樣的我，今後也請多多指教。

中野善壽

《全部皆可拋》能在台灣翻譯出版，讓我十分開心！

一九七二年，我在香港住了一年半左右，後來一九七六年，我擔任服裝採購時，為了找生產毛衣、T恤等的廠商，首度到了高雄的工廠，因而與台灣結緣。之後每年，一年約二～三次都為了採購商品訪問台灣，從台灣人的人情味，在台北飛台南、高雄的飛機上看到的群山峻嶺之美等，都感受到不可言喻的柔和氣氛，因而非常喜歡台灣。

此外，小時候曾聽說，祖父的哥哥在日本當時的鐵道省工作，為建設阿里山鐵路提供技術指導而旅居台灣，卻因患虐疾在台灣過世。

據說當時和他一起工作的台灣原住民們抬著擔架將他送下山治病，他在彌留之際還詳細地述說著台灣人們的溫情並感謝他們為自己做過的事。

我個人於一九九一年有緣住在台灣，在台灣工作，得到了許多朋友的支持，在台灣過得十分開心且充實。

我感受到台灣人民的溫情、土地的富饒是任何東西也無法改變的，能在台灣翻譯出版講述我的心情及生活方式的書，真的讓我非常開心。

閱讀過後，若您感興趣的話，隨時可以透過網路與東方文化支援財團聯繫，我們會盡力回應的，請讓我成為您的朋友。

中野善壽

本書的作者版稅全額捐給東方文化地區需要支援的兒童們。

人生顧問 413

全部皆可拋

作　　者｜中野善壽
譯　　者｜黃菁菁
責任編輯｜陳萱宇
副 主 編｜謝翠鈺
封面設計｜陳恩安
美術編輯｜菩薩蠻數位文化有限公司

董 事 長｜趙政岷
出 版 者｜時報文化出版企業股份有限公司
108019 台北市和平西路三段二四〇號七樓
發行專線／（02）2306-6842
讀者服務專線／0800-231-705　（02）2304-7103
讀者服務傳真／（02）2304-6858
郵撥／19344724 時報文化出版公司
信箱／10899 台北華江橋郵局第九九信箱
時報悅讀網｜http://www.readingtimes.com.tw

法律顧問｜理律法律事務所 陳長文律師、李念祖律師
印　　刷｜勁達印刷有限公司
初版一刷｜二〇二一年四月九日
定　　價｜新台幣三五〇元

全部皆可拋／中野善壽作 . -- 初版 . -- 臺北市：
時報文化出版企業股份有限公司 , 2021.04
面；　公分 . -- (人生顧問 ; 413)
ISBN 978-957-13-8831-1(平裝)
1. 人生哲學 2. 修身
191.9　110004189

「ぜんぶ、すてれば」（中野 善壽）
ZENBU SUTEREBA

ISBN 978-957-13-8831-1
Printed in Taiwan